现代高校教育教学管理现状与创新发展

刘萍萍　何　莹　著

中国原子能出版社

图书在版编目（CIP）数据

现代高校教育教学管理现状与创新发展 / 刘萍萍，
何莹著．-- 北京 ：中国原子能出版社，2021.9
　ISBN 978-7-5221-1581-8

　Ⅰ．①现… Ⅱ．①刘… ②何… Ⅲ．①高等学校－教
育管理－研究②高等学校－教学管理－研究 Ⅳ．① G640
② G647.3

中国版本图书馆 CIP 数据核字（2021）第 190167 号

现代高校教育教学管理现状与创新发展

出版发行	中国原子能出版社（北京市海淀区阜成路 43 号　100048）
策划编辑	杨晓宇
责任印刷	赵　明
装帧设计	王　斌
印　　刷	天津和萱印刷有限公司
经　　销	全国新华书店
开　　本	787mm×1092mm　　　1/16
印　　张	12
字　　数	222 千字
版　　次	2022 年 1 月第 1 版
印　　次	2022 年 1 月第 1 次印刷
标准书号	ISBN 978-7-5221-1581-8　　　　　定　价 68.00 元

网　址: http//www.aep.com.cn　　　E-mail: atomep123@126.com
发行电话: 010-68452845

前　言

随着经济高速发展、互联网普及、信息进程不断推进，人类进入高速发展的时代，其发展速度超过任何一个历史时代。人工智能化、高校教育教学管理的精英化逐渐转向大众化，人们逐渐认识到高校教育带来的社会变化及影响，也在不断地创新发展高校教育教学管理的育人管理、教育理念、课程管理、学生管理、教师管理和行政管理等各项内容。

全书共七章。第一章为绪论，主要阐述高校教育教学育人管理概述，高校教育现代化的历史进程，现代高校教育教学育人管理的发展与改革等内容；第二章为高校教育教学育人管理的现状分析，主要阐述高校教育理念创新发展的现状分析，高校课程管理创新发展的现状分析，高校学生管理创新发展的现状分析，高校教师管理创新发展的现状分析，高校行政管理创新发展的现状分析等；第三章为现代高校教育理念的创新发展，主要阐述现代教育理念的概念与思想内涵，现代教育理念下的高校教学观、教师观和学生观，现代高校教育理念创新发展的策略等；第四章为现代高校课程管理的创新发展，主要阐述课程与高校课程，现代高校课程管理的基本原则，现代高校课程管理的重大意义，现代高校课程管理创新发展的策略等；第五章为现代高校学生管理的创新发展，主要阐述现代大学生的特点，现代大学生成长成才的路径探索，现代高校学生管理的特征与作用，现代高校学生管理创新发展的策略等；第六章为现代高校教师管理的创新发展，主要阐述现代高校教师管理的要素，现代高校教师职业发展的路径探索，现代高校教师管理的激励体制，现代高校教师管理创新发展的策略等；第七章为现代高校行政管理的创新发展，主要阐述现代高校行政管理的重要性，现代高校行政管理效率的影响因素，现代高校行政管理体制改革的依据，现代高校行政管理创新发展的策略等。

为了确保研究内容的丰富性和多样性，在写作过程中参考了大量理论与研究文献，在此向涉及的专家学者们表示衷心的感谢。

最后，限于作者水平的不足，加之时间仓促，本书难免存在一些疏漏，在此恳请同行专家和读者朋友批评指正！

作　者
2021 年 1 月

目　录

第一章　绪　　论

高校开展教育教学管理工作，要加快推进教育现代化，建设教育强国，办好人民满意的教育。育人管理是高校教育教学管理的核心任务，我国高校教育教学育人管理在高校教育现代化的不断改革和创新中内容更加丰富。本章分为高校教育教学育人管理概述、高校教育现代化的历史进程、现代高校教育教学育人管理的发展与改革三个部分，主要包括高校教育教学育人管理的概念及内涵、高校教育教学育人管理的内容、高校教育现代化的内涵及要素、高校教育现代化的历史演进、高校教育教学育人管理机制的形成及改革等。

第一节　高校教育教学育人管理概述

一、高校教育教学育人管理的概念及内涵

（一）高校教育教学育人管理的概念

高校教育教学育人管理是指高校对大学生的知识传授、思想启迪、道德养成和文化传承的管理全过程，需要高校中教学、管理和服务等部门的成员参与到学生培养的工作中来，统筹协调、共同管理，实现对高校大学生的培养目标。

（二）高校教育教学育人管理的内涵

高校教育教学育人管理体现了现代高校教育的使命和价值，它是新时期中将我国社会主义核心价值体系与传统高校教育中的优秀思想的结合，着眼于学生的更长远的全面发展要求，关注学生德育的实效。对于高校而言，在现代制度建设的过程中，育人管理是依据组织运行和教育规律，采用全新理论视阈和研究方法以及实施路径开展工作，实现高校教育特定目标的重要手段之一。这一手段可以动员高校内外一切可能的力量参与进来，形成教育的合力，进而形

成高校教职员工和学生的自觉管理。

二、高校教育教学育人管理的内容

（一）教书育人

1. 高校专职教师育人

教书育人是最主要的途径，各科教学渗透德育，寓德育于各科教学之中，是为人师者的首要育人职责，教师要"传道、授业、解惑"。只会传授知识，只能是"教书匠"，只有既教书又育人，立足于素质教育，才能算是合格的人民教师。

教师是高校育人过程中的主体之一，他们不仅是知识的传播者，也是心灵的塑造者。专科生、本科生在高校学习的时间一般是 3~5 年，也就是这短短的几年很可能成就学生们一生的命运，所以教书育人工作有着不可估量的作用。

2. 高校辅导员育人

高校辅导员是学生思想政治工作的骨干力量，专职从事学生思想教育和行为管理工作，是教师队伍的重要组成部分。辅导员是学生思想政治教育的骨干力量。在高校思想政治教育还有专职教师、行政管理人员等。高校的辅导员肩负重大责任，在关键时刻，能够发挥出重要作用。在日常管理中，学生事务、教学事务、人身安全、校内外安全、包括节假日安全，任何时候出现问题，辅导员必须第一时间到达现场，这也是辅导员的职责所在，因此高校辅导员的压力也非常地大。教育部规定专职辅导员带班一般不低于 200 人数，但是高校有时会结合自己学生的实际情况，在这个人数上下浮动或者采取一定的鼓励机制。

高校辅导员的学历层次一直也在提高。高校在最初阶段，专科毕业就可以胜任辅导员工作，但 2000 年以后以本科就职为主，多数高校的辅导员达到研究生以上的学历，一些公办院校更是有很多博士生辅导员。教育部要求辅导员必须是中国共产党员，便于思想政治教育，有利于开展思想政治教育工作，有利于高校教育教学育人管理的开展，有利于抓好学生思想政治教育，有利于学生成长，有利于立德树人，有利于为国家培养人才。

辅导员的学历层次提高，更能发挥思想政治教育课程的主导作用，再结合实际，可兼职教授一些思想政治理论课，以便更好地了解学生情况，更好地发挥高校育人管理智能。结合实际，充分发挥思想政治教育的实效，更好地为学生服务，有利于学生健康成长，有利于高校思想政治教育的展开和进行。

充分发挥辅导员的思想政治作用，灵活转变角色，而不仅仅做一些事务性工作。因为辅导员一直在学生一线，肩负多种角色。民办高校辅导员则更是扮演了多种角色：年级组长、支部书记、兼职老师，甚至有时充当保安、楼爸、楼妈、保姆、警察、心理咨询师、交通员、火警、卫生委员等多重角色。但辅导员是学生思想政治工作的骨干力量，专职从事学生思想教育和行为管理工作，是教师队伍的重要组成部分，而不是任何事务工作都要管，切勿本末倒置，应正确发挥高校辅导员的职责。

（二）管理育人

1. 管理育人的内涵

高校管理人员在承担学校的管理服务工作过程中对受教育者实施的一系列有目的、有计划、有组织的管理行为，从而对受教育者的知识、品质以及行为习惯等综合素质方面所起的育人作用。把管理同教育结合起来，在教育中有管理，在管理中有教育，强调管理过程中所发挥的育人功能。高校管理育人能够促进高校教育教学管理工作的完善，形成高校良好的校风学风，增进教育质量和人才培养质量，最终促进高校的人才培养。

2. 高校管理育人的必要性

（1）高校管理育人存在的问题

高校管理育人实效受制于高校管理人员的专业技术和管理经验水平，而实际情况中，高校管理人员的相关业务水平较低，直接影响着管理育人实效的质量；高校绩效管理量化不利于鼓励全员育人；管理人员的管理意识与思想失衡、综合素质水平不高是阻碍高校管理育人实效的主要因素；管理制度缺乏科学系统性，导致管理与育人分离开来，同时，缺乏强调学生民主参与管理的制度。

（2）高校管理育人的意义

管理育人对于高校教育而言是极其重要的一个部分，管理育人工作的落实是高校教育有效性以及高校管理的基础。但是我国高校正处于快速发展的阶段，在这一阶段部分高校没有很好的落实管理育人的工作，致使高校教育的质量受到了影响。在这种情况下，寻找高效快速发展下的管理育人新途径并总结归纳，对于整个高校管理育人工作的落实都具有极为重要的现实意义。

首先，高校管理育人工作的落实，可以有效地为高校中各项工作的具体实施提供强有力的保障。高校管理者以及管理活动的进行主要会对学生通过行政管理、后勤管理以及教学管理三个方面产生影响。通过在这三个与学生息息相关的方面各项规章制度的制定，可以有效地规范学生的行为，约束学生的思想，为高校的教书育人起到重要的辅助作用。

其次，管理育人工作的落实可以提升高效管理职能的有效性。在实际的管理当中，管理有效性往往取决于人的思想素质水平，这其中既包括管理者的思想水平也包括被管理者的思想素质。因此高校管理育人工作的落实可以显著提升相关人员的思想素质水平，进而大幅促进高校管理工作的有效性。

在高校快速发展下管理育人工作可以通过创建舒适环境、完善落实规章制度、坚持以人为本的育人观以及针对学生心理问题及时疏导来有效落实。但是这四点绝对不是落实高校管理育人的所有途径，而其他更为有效的管理育人方法则需要高校管理人员不断思考继续创新。

3. 高校管理育人的途径

（1）用环境造就人

环境对人的影响是巨大的，因此高效的管理工作者在进行管理育人的策略探讨时应该重视环境效益。环境对人的影响是潜移默化但却影响深远的，对于学生的管理教育来说，一面洁白的墙壁、一条整洁的街道以及干净卫生的校园就是教导学生做人律己最好的老师。如若一个校园无法做到管理严格、纪律严明、监管有力，进而导致校园内部污迹斑斑、凌乱不堪，这种校园环境又会对学生造成怎样的影响？学生心中必然会对校园环境产生反感与抵触的情绪，在负面情绪的影响下，学生的心理必然会受到影响。

实际上人与环境之间的作用是相互的，人们在创造舒适整洁的环境时，环境也会反馈给人以正面积极的情绪，所以当人们在积极的影响自然以及社会的过程中，实际上是在对其自身的状态以及发展产生间接影响。在这种情况下高校的管理工作者就应该积极主动的引导高校学生维护和改善自身的生活环境，在对环境变革的实践当中成就自我。

（2）以完善的制度育人

高校管理过程中的任一环节都需要依据合理性、科学性来制定各项规章制度，进而保证学生行为的合理性以及其中高校做出的引导作用，因此制定完善的高校规章制度，并且在高校管理中严格落实，对于高校的管理育人工作具有巨大的积极作用。首先，高校管理人员应该对校内的规章制度等条例进行积极地宣传以及细致地讲解，否则会出现学生在不知情的情况下，违反校规纪律的情况发生；其次，校方还应该让学生明确校规的重要性，帮助学生培养遵守规章制度的思想意识，并且利用奖惩措施来严格落实高效规章制度的实施工作。

通过对高校学生优秀行为的奖励表彰以及对违反校规学生的惩罚，高校可以很自然地树立起积极向上的正面校风，促使影响高校管理工作的负面风气快速消退。对于高校的规章制度而言，只要制度的设定合理，并且宣讲与落实工作执行完善，就可以帮助学生培养良好的行为习惯建造舒适的学习以及生活氛围，进而树立积极正面的校风。除此之外，高校的规章制度同样对高校的管理人员以及其他岗位人员起作用，促使教师以身作则，间接影响学生的行为规范。就目前而言，制度育人仍然是高校管理育人工作的最主要渠道。

（3）坚持以人为本的育人观

可以说创新是社会进步的强劲动力，当下现代社会快速发展的同时高校也在快速发展，在这种背景下对于高校的管理教育提出了更高水准的创新需求，需要高校管理人员同时具备创新精神以及创新能力。就创新精神而言，它使人的主体性得以最充分的发挥，同时也是人类潜能的最大程度发挥。

高校管理教育的核心以及灵魂就是以人为本，从本质上来看，在高校管理教育的过程中，针对各个环节进行以人为本的考量以及贯彻，一方面是对当前教育理念的修正与升华，另一方面也是对教育意义的真正回归。

（4）疏导是管理育人的有效方法

高校学生存在的问题会从行为以及思想两个方面表现出来，针对行为问题高校应该严格落实相关制度从严而治，但是对于学生的思想高校同样应该引起足够的重视并对学生的思想进行疏导。行为是思想的外在表现，因此学生的思想问题往往不易察觉，但是却是学生问题的根本所在，在高校管理育人的过程中学生可能会不理解高校的部分做法，导致思想出现偏差，对于思想出现问题的学生，教育者应该积极主动地给予学生正确的引导，对于学生心中的疑问及时开解与疏通，进而帮助学生树立正确的人生观念，明确学习目的。

（三）服务育人

服务育人是指服务人员向服务对象提供服务的过程中，通过优质服务和良好服务者形象，并塑造一个真、善、美的育人环境，从而对学生的思想道德、价值观、人生观的形成起到暗示性和潜移默化的作用。服务育人涵盖学校办学的方方面面，涉及学校所有岗位的职工个体。服务育人的直接作用是在为学生提供某种物质需求的同时也提供必要的精神需求，高校后勤服务育人要求高校后勤工作通过为学生提供优质服务的同时，促进学生健康发展。高校后勤是直接为大学生服务的部门，是为学生提供住宿、膳食、开水供应等一系列基本生活保障，后勤工作的好坏也直接关系着学生们的生活质量，也间接影响学生的学习效率。服务人员的态度、行为等都直接影响着学生们的身心发展，对他们的道德情操、治学态度和社会责任感的培养起到直接的渗透作用，对他们的思想道德产生潜移默化的积极影响。从这个角度讲，后勤服务是"没有讲台的课堂"，后勤工作者是"不上讲台的老师"。

"服务育人"在高校后勤服务工作中是一种新型的人际关系，涉及服务人员与被服务人员，而服务人员应当以高度的责任感和良好的职业道德，尽心竭力、任劳任怨地为学生办实事，真心实意地为学生解决困难。通过热情周到、彬彬有礼的服务来赢得学生的认同，通过朴实无华的思想品格和积极向上的精神风貌感染学生。要实现真正意义上的服务育人，必须牢固树立"学校无小事、事事皆育人，学校无闲人、人人皆育人"的育人理念。

（四）环境育人

环境育人的内涵是指，在校园环境中，包括内部环境和外部环境、物质环境和人文环境、硬环境和软环境、隐形环境和显性环境等在内的一切环境，它通过外部诱导、感染等方式对大学生进行无声的教育。硬环境是指，高校的物质环境，包括教学楼、图书馆、操场、文化广场等可见的环境；软环境包括物质的外在环境和精神的校园文化环境、人际环境、网络环境、制度环境等。校园是师生们工作、学习、生活的场所，不同于党政机关单位，高校由于其办学时间长短不一，办学条件参差不齐，所在地域各有不同，对于不同专业有不同的培养目标等，这些都导致在校园建设方面风格各异，因此，校园在建设当中要注重因地制宜，突出特色，注重保持地方区域的特色，也要彰显本校的办学宗旨和特点，积极借鉴优秀高校的办学理念。除了物质环境的建造，文化环境的建设也会成为影响学生心智和情操培养的重要因素，一个学校的精神环境发展不可能一蹴而就，需要历史的积累、文化的积淀。在传统的大学校园中，有古老的建筑，历史名人遗迹等，这些都会增添高校的文化气息。因此，校园文化的建设是离不开它长久以来的文化积淀，校园文明、和谐、向上的人际环境，优美、舒适的自然环境，高雅、美观、充裕的设施环境，都对学生的成长起着"润物细无声"的滋养作用。物质环境、人际环境、制度环境、舆论环境及网络环境等都具有可创造性和育人功能。

高校担负着国家培养人才的重任，校园则是学生们成长的基地，一个学校的校园建设体现了它的历史底蕴和精神风貌。不管是物质景观的建造，还是校园文化气息的感染，都在于学校历史、文化、传统的积淀。这对于学生的教育属于隐形课程，比如校园文化长廊、校标、校训的设置等。不管是从各高校的广场名人雕塑还是房屋构建上，都会体现出一个学校的特点和特色，再加上人文情怀的支撑、科学明确的办学理念、健康向上的校园精神氛围等，这些都增加了校园环境建设的文化品位和艺术含量，使学校的一草一木能感染、陶冶学生，这样就会形成一个高校优秀的文化氛围和浓厚的学习风气。如此无时无刻、无处不在的教育，会熏陶和感染学生，在潜移默化中实现教育效果，达到育人目标，培育出合格的建设人才。

（五）实践育人

实践育人的内涵是指，通过社会实践活动或校园的文化活动，把理论知识与实际相结合，培养学生们的理论应用能力与驾驭知识的能力，让学生们能够熟练地掌握所学知识，不管是校园内的活动还是社会的实践活动，都要以培养学生为目的。所谓实践育人是指："遵循大学生成长成才规律和教育活动规律，以学生在课堂教学中获取的理论知识和间接经验为基础，以开展与学生专业发展和成才成长密切相关的各种实践活动为途径，以增强大学生服务国家、服务人民的社会责任感、勇于探索的创新精神、善于解决问题的实践能力为基本目标的一种教育实践活动。"实践出真知，创新生于实践。实践是检验真理的标准。当代大学生最缺乏实践，实践环节、实践活动对学生的成长起着无可替代的作用。让学生在实践中受教育、长才干，把所学到的知识运用到实践中，由理论知识的内化到行为习惯的外化，这才是教育的最终目的。

《关于进一步加强高校实践育人工作的若干意见》中强调指出，要把社会实践活动与课堂教学放在同等重要的位置，推动大学生广泛参加社会调查、生产劳动、志愿服务、公益活动、科技发明和勤工助学等活动。高校必须加强实践育人的宣传和实施力度，使实践观教育思想渗透到学生的日常生活和学习中，逐渐加深学生对实践育人教育思想观念的转变，同时以学校实践基地为载体，实现学校实践育人的教育目的。只有通过引导青年学生参加社会实践，特别是生产劳动，才能在实践中培养学生的实践毅力和意志品质，提高学生通过艰苦奋斗把理想变为现实的能力。因此，高校的实践教育是其他任何教育都无法替代的。

高校是育人的法定场所，要充分发挥学校的教育功能，实现学校教育的全优化，必须是教书育人、管理育人、服务育人、环境育人、实践育人多管齐下，各个方面既有相对独立的职能作用，又综合立体，相辅相成，从而获得全员育人、全方位育人的效果。

第二节　高校教育现代化的历史进程

一、高校教育现代化的内涵及要素

高校教育现代化作为高等教育领域最为深刻的革命性变化，是伴随中国现代化的改革与发展逐渐形成的。其内涵依赖高等教育与中国经济社会改革和开放的双向互动，以大学演绎的三大职能为轴点不断丰富而得以深刻。虽然学界对何谓高校教育现代化莫衷一是，各执一词，但从高校教育现代化的历史演变与现实出发，仍然能够寻觅到高校教育现代化概念的发展逻辑，纵向上表现现代化—教育现代化—高校教育现代化，横向上包括高校教育现代化的宏观和微观层面，所以从两个维度对高校教育现代化进行全面的阐述。

（一）高校教育现代化的内涵

对概念深入浅出的剖析是分析纷繁复杂事物本质的一条主线，对"高校教育现代化"的解读必须明确何谓"现代化"，何谓"教育现代化"。基于"现代"的理解和国际上对"现代化"含义形成的共识，立足中国本土实践，"现代化"是一种发展中国家向发达国家借鉴取"经"同时发达国家向发展中国家交流的双向沟通型的国际竞争，"现代化"作为人类文明的前沿性变化，其行为路径先是经济要素的突破性变化和变革，随之影响其他文明要素的变革与创新，明确教育在现代化的基础地位和关键作用，所以教育现代化构成国家现代化的基础。

而教育现代化表现为"传统教育向现代教育转变的过程，这一过程表现为教育在经济社会现代化过程中转型和变迁。在其本质上，可以概括为教育系统的一系列现代要素以及组合方式发生的由低级到高级的突破性变化或变革的过程，是教育现代要素逐步占据主导性、支配性地位的过程"。中国的"教育现代化"目前正处于第二次教育现代化阶段，由工业化时期的教育转变为知识经济时代的教育，是一种转变为高阶教育的阶段，并且这一时期普及高等教育、终身学习成为教育发展的新理念、新模式。

在解读"现代化"的涵义时，明确教育在"现代化"的基础地位和关键作用；在解读何谓"教育现代化"时指明中国目前正处于第二次教育现代化阶段，在这一阶段普及高等教育、终身学习成为教育发展的新理念、新模式。

国外缺乏"高校教育现代化"的直接和具体表述，故没有明确揭示"高校教育现代化"的内涵，而"高校教育现代化"一词是伴随中国改革开放建设中国特色社会主义现代化的实战产生的，"高校教育现代化"的基本属性结合 2013—2017 年高等教育国际论坛的主题为线索进行梳理，2013 年和 2014 年高等教育国际论坛主题以高等教育宏观层面——高等教育与社会的现代化发展关系为主，明确高等教育治理现代化成为全面深化高等教育改革的总目标。2015—2017 年从高等教育的微观层面着眼，由教学到课堂最后落脚点在育人。五年来高教界依据"教育现代化"的概念为出发点对高等教育展开全面、系统性的探讨和研究，从宏观走向微观，从高等教育的外部环境到内部要素、结构，以明确高校教育现代化的构成要素是高等教育的普及化、高等教育的高质量、高等教育的善治结构（或称高等教育治理体系和治理能力现代化）、高等教育的国际化、高等教育的信息化和高等教育的学习化社会，核心在于人的现代化，人是高校教育现代化的主体和主题，高校教育现代化的构成要素都是围绕实现人的现代化而展开的。

（二）高校教育现代化的构成要素

1. 普及化

2020 年，我国高等教育毛入学率 54.4%，完成了世界层面最大规模高等教育体系的目标，正在向高等教育普及化阶段迈进。教育在现代化的基础地位和关键作用使中国特色社会主义现代化建设格外注重发挥教育的功能和作用。高等教育作为教育的关键部分和重要组成，为社会提供充足的人力资源，极大地提高社会人力资本价值，推动社会发展的现代化；同时，在个人层面，普及化的高等教育不仅要完成受教育者的全面发展与职业需求，更加注重对受教育者个性化发展的培养。所以高等教育的普及化提供数量积淀的同时，符合人们对高等教育的客观需要，成为高校教育现代化的第一构成要素，也是基础性要素，立足于普及化高等教育研究大学生核心素养的培育。

高等教育普及化丰富了高校教育现代化的形态和内涵，构造更加和谐的高等教育整体结构，为保障我国高等教育大众化向高等教育普及化完美过度，需要我们做到以下两点。

（1）树立全面开放的高等教育理念。全面开放的高等教育理念是指全体公民都有机会、有权利接受高等教育，全面无差别的公平教育理念。高等教育普及化不仅仅只是表现在高等教育的规模和数量上，还需要与之相匹配的价值观，这是我国由高等教育大众化向高等教育普及化过渡的关键，只有突破观念障碍，才能更好地接受新的高等教育理念，实现高校教育现代化。

（2）构造面向全体国民的高等教育体系。国家和政府要加强对贫穷落后地区人民的教育关注和资金支持，全面解决社会弱势群体的教育问题。

2. 高质量

高校教育培养创新型人才和更好实现科学研究职能的尊崇，预示高校教育现代化不仅代表庞大的数量规模更是质量层面的追求，知识创新的回归点在于杰出人才的培养，不单单是物质性的科研成果展现。高校教育的高质量理解为人才培养的高质量，这里的"高质量"不同于高校教育大众化阶段的"高质量"，是高校教育普及化阶段的"高质量"，即能够满足受教育者在学校教育的个性化发展，在适龄阶段接受高等教育后拥有一种自我发展和自主学习的素质，能够在复杂的现实社会中拥有生存、发展、创新性的素养。

3. 现代化

高等教育个性化、高等教育师资队伍现代化、高等教育大众化向普及化转化等，是高校教育现代化的基本特征和内涵，同时也是组成高校教育现代化的基本要素，但本质来说，这些高校教育现代化各要素的作用对象都同时指向了"人"，"人"的现代化是高校教育现代化的核心，也是高校教育现代化的目标和重要推动者。

（1）人的现代化

"人的现代化"于 20 世纪 60 年代被提出，20 世纪 80 年代，我国开始进行研究。2010 年，《教育规划纲要》提出"到 2020 年基本实现教育现代化，并且进入了人力资源强国行列"的战略目标。纲要表达的是我国公民的热切期望。至此，"人的现代化"的思想开始深入人心。《中华人民共和国第十三个五年规划纲要》明确提出，"把提升人的发展能力放在突出重要位置"，全面培养高素质人才，使全体人能够共享高校教育现代化的发展成果。

第一，人的素质现代化。我们培养的不仅是体格健硕的"人才"，更是德行统一的高素质人才。这里的素质现代化主要指的是人的思想素质、专业技能和高尚的行为实践，在高校课题开展德育课程，进行德育讲座，注重学生的实习实践，培养其专业技能，重视建立优质的教师队伍，为人民能够不断提升自身素质提供人力支撑。

第二，人的思想观念的现代化。人具有创新意识、法制意识、价值观意识、科学意识等，在教育培养过程中注重启发培养学生的意识，迸发思想碰撞的火苗，培养具有现代化思想观念的新时代学子。

（2）教育队伍现代化

教师承担着着培养社会主义接班人的重要任务，在 2018 年 9 月 10 日，全国教育大会上，习近平指出，"教师是人类灵魂的工程师，是人类文明的传承者，承载着传播知识、传播思想、传播真理，塑造灵魂、塑造生命、塑造新人的时代重任。"这段话体现了教师在人才培养过程中的重要作用。作为教师，需要有热爱教育的意识、教书育人的理念和提升自我专业化水平的进取心。

第一，坚持育人为本的教育理念，开展创新型教学，培养学生的创新精神和探索精神，引导学生把握时代脉搏，关注国家大事，树立正确的价值观，做合格的社会主义接班人和建设者。

第二，建立健全高校教师培养制度，对于刚刚引进的高校青年教师，要进行必要的岗前培训，或者举办优秀教师分享会、教学示范课等来增强教师的专业化水平和教育教学水平。

第三，继续扩大教育开放力度，促进教师师资队伍国际化水平的提高，主持跨国教师学术交流会、鼓励教师访学、留学，也欢迎国外教师来华交流，培养具有国际化视野的新型教师队伍。我国要建设一批引得来、水平高、留得住、教得好的高等教育师资队伍，为高校教育现代化发展添砖加瓦。

（3）治理体系和治理能力的现代化

高校教育治理体系和治理能力建设属于高等教育改革领域的相关内容，是高校教育现代化组织层面的解读。要实现高校教育的高质量，没有现代化的高校教育组织体系建设和能力是无法达到的。

高校教育治理体系现代化是在改革高等教育办学和管理体制中提出的，需构建开放多元的办学体制，宏观层面，明确政府的职能，协调中央与地方的权限、社会组织与公民的参与式治理；微观上，确立党委的政治权力，依据高校以行政团队为主的行政权力、教师或教授为主的专业权力和以学生群体为代表的民主权利在人才培养中的不同作用，明确三者之间的权限划分，形成共同治理体系，提高大学事务决策的科学性、监督的多元性，完善高等教育治理体系，保障相关利益者的合理诉求。

高校教育治理能力现代化即治理主体达成治理目的的能力，涉及治理主体的区分。伴随大学在社会中心地位的日渐增强与知识生产方式的变化，更多的利益相关者通过不同的途径参与到大学治理中，形成多种类型的高等教育治理主体，包括治理需要参与到治理体系中的社会组织、公民团体以及学生与教师等传统主体。

4. 国际化

高校教育现代化从内涵分析，以国际高等教育的最高水平和最先进状态为参照物，本身体现一种国际竞争；外部环境——全球化使不同国家的经济联系日益紧密，文化交流更加频繁；知识经济的萌发对人才素质提出更高要求，这使不同国家的高等教育需要走出国门加强与世界的沟通交流，以此提升本国高等教育全面建设的质量，而高等教育国际化成为发展中国家和发达国家实现高等教育高质量和先进发展水平的必然选择。

按照逻辑定义的规则解读"高校教育国际化"的内涵，进一步解释如何理解上述"高校教育国际化"概念中的关系、影响或范围，通过高校教育的国际交流与合作，开放本国的高校教育系统，促进不同国家的高校教育在教育理念、办学模式、成功经验、硬件设施及人才和信息等资源的共享和交流，提升高校教育的发展质量，使交流双方的高校教育走向国际性的活动和过程。

5. 信息化

我国高校教育现代化是在"互联网＋"时代和世界高校教育现代化发展背景之下的旨在推进高等教育健康发展、提升培养质量的改革与创新活动，必须立足我国国情，促进高等教育信息化纵深推进，才有利于推进高校教育现代化发展，在大数据的基础上建立全球资源共享的高等教育大系统，从而建立可以满足人们新期待的高等教育。高校教育信息化是一种通过信息技术来推动高等教育发展，为人才培养提供技术支撑的现代化手段。

第一，加强高校教育信息化体系建设，促进高校之间数据共建共享，建立深度融合的高校教育与信息化协调发展的教育教学平台，深入挖掘教育大数据，致力于建立互联网全覆盖的校园网络系统，统筹建设一体化智能化的教育教学和管理服务平台，为高等教育长远发展服务。

第二，建设高校教育信息化人才队伍，开展有关信息化讲座和信息技术相关课程，使学生掌握好信息化应用，掌握世界信息化前沿信息。

第三，更合理优化的应用慕课、VR 应用、视频微课等信息化课程，提高教育教学效率，突破高校教育发展的时间、地点等空间限制，提高高校教育教学水平，促进高校教育领域的信息化变革，提高教育教学质量，促进教与学的深刻变革，从而更快地建设成"处处能学、时时可学，人人互通"的学习型社会。

6. 终身学习化

终身教育理念的传播与发展开拓了高等教育发展的新局面，高等教育终身化成为指导我国高校教育现代化发展的重要思想，也是我国建设全民学习的学习型社会的要求与创建全民教育大系统的目标。

高等教育终身化的教育思想在 20 世纪 60 年代得到了各国的推崇，而我国当时由于"文化大革命"，"终身教育"并未深入实践，直到改革开放后终身教育才得到推广，现如今，我国致力于建设学习型社会，2010 年，《教育规划纲要》重申终身教育思想，推行开放大学、社区教育。十九大报告指出，"2020—2035 年，基本实现社会主义现代化。"此时，我国高等教育将得到重大发展，致力于建设服务全民的终身学习的高等教育体制，人人树立"活到老、学到老"的教育思想，这也是现代化教育思想的一种体现。

建立社会考试系统，大力发展社会考试，高等教育将以灵活多变的方式向广大的社会成员开放，为终身教育发展奠定基础。

培养优质教师，对教师进行岗位培训和实践检验，使教师践行终身学习的教育理念，在高等教育教学过程中，注意培养学生的自学能力，习得获取知识的能力与技巧，可以运用到以后的学习和工作生涯之中。

鼓励终身教育发展，尝试建立全民学习的教育大系统，树立终身学习的教育理念，使教育覆盖社会生活的各个方面，贯穿于人发展的各个阶段，满足人民对不同层次与不同种类的教育需求。

二、高校教育现代化的历史演进

（一）中国现代高校教育的萌芽阶段

1. 中体西用开启高校教育现代化的思想萌芽

19 世纪末是中国近代高校教育发展的重要时期，当时中国拥有三类新式教育：方言学堂、技术学堂以及军事学堂。"在洋务派的推动下，清政府主动废科举、兴学堂，才正式开启了中国高校教育现代化历程。"为了达到"师夷长技以治夷"的目的，洋务派主办高校并采取"中体西用"的主要指导思想与原则，以学习西方的技术技能来实现我国经济社会的发展。

一般而言，中国近代高校教育真正发端于 19 世纪末 20 世纪初，1895 年设立天津西学堂头等学堂是近代高校教育史上第一所正式的新式高等学府，清末新政后，新式高等学堂获得发展，1902 年，晚清重臣张百熙，发展京师大学堂，同时，操办全国教育大计，主持制订中国近代第一个学制——壬寅学制，把高校教育分为三级，高校教育结构初见模型。

2. 多元化孕育高校教育现代化的实践开端

民国初年，为了彻底改造我国的传统封建文化，否认"中体西用"理念，提倡"民主""科学"和"共和"，这些思想为高校教育真正现代化提供关键的思想基础，我国高校教育局面也发生了巨大改变，我国高校教育由旧式学院转变为新式高等学堂，成为高校教育现代化的开端与起点。

1922 年，参照美国学制，我国制定了《学校系统改革案》，中国的高校教育逐渐成形。

1912—1949 年的近 40 年，是高校教育多元化发展的繁盛时期，蔡元培在"思想自由，兼容并包"的思想下革新北大，爱国教育家张伯苓创办南开大学，爱国人士陈宣恺和陈朴生创办中华大学，海外华侨陈嘉庚创办厦门大学，从民国初年到抗日战争中的 20 年间，教会新建了 18 所教会大学，共同为我国现代大学的多元化发展做出贡献，在此期间，我国开始较全面接受西方"学术自由、大学自治"等理念并付诸实践，促进高校教育的思想多元化发展。

抗日战争时期，是对我国高校教育的一次精神淬火。战争一开始，日本侵略者就对我国教育进行疯狂扫荡，意图"毁我国本，动我国基"，高校教育遭到严重破坏。据统计，从战争爆发到 1938 年 8 月底，我国 108 所高校中，91 所遭到破坏，10 所完全毁坏，25 所因战争而陷入停顿。我国高校为了保存实力，多次内迁，开始"文军长征"，无数文弱学子，决心刻苦学习，更有甚者以羸弱之躯亲赴沙场，保家卫国。

为了革命的需要，中国共产党成立了以培养干部和专门人才为主的学校，为战争培养军事、政治、经济和文化等方面的人才，如中国工农红军大学、高尔基戏剧学校、中央农业学校、中国人民抗日军政大学等，既为当时的革命培养了大批人才，也探索了一种较为实用的人才培养方式。十四年抗战我国高校教育在艰苦卓绝的环境中基本遵循综合型与研究型的教育体系与模式，继续向前发展。

（二）高校教育现代化的起步调整阶段

1. 建立与生产劳动相结合的专门人才培养体制

新中国成立后，针对旧中国的旧教育、旧学校如何适应我国经济社会发展和国情的问题，第一次全国教育工作会议进行了一系列讨论，提出改造旧教育、建立新教育的问题，接纳旧教育中的合理因素，发展和借鉴苏联理念，确立推陈出新、百花齐放的教育方针以及教育为人民服务的思想。

1949 年后，为了适应国家建设的需要，对高校教育提出新的要求，要培养通晓基本理论与实际运用的专门人才，比如工程师，技师和医生等专业人才。提出并采取了一系列高校教育改革的重要措施。

第一，改变高校教育理论脱离实际的问题，新中国教育要为经济社会发展和国防服务，高校教育内容要符合实际需要，兴办专科学校，开设专修班、培训班等，以此来促进社会发展。其中之一就包括重视工农知识分子的培养，高校要把培养工农人才作为重要任务。

第二，教育要为无产阶级服务，与生产劳动相结合，强调党领导教育。

第三，高等学校要培养社会所需的专门人才。1949—1956 年，虽然由于学习苏联专才教育导致我国人才培养较为狭隘，但是高校教育培养目标仍然强调学术人才，也为我国培养了大批经济社会发展服务的专门人才。

总之，从新中国成立到 1966 年"文化大革命"之前这 17 年，我国高校教育取得了大发展，"全国高等学校的毕业生共 155 万人，相当于新中国成立前 20 年大专毕业生的 8.4 倍，近 20 万的业余或函授大学生毕业，并培养了16 000 名研究生，在校生达到 67.4 万人"。

2. "文化大革命"重创了高校教育现代化发展大局

1966—1976 年，高校教育艰难前行。"文化大革命"的十年动乱对高校教育来说无疑是一场浩劫。据悉，"1966—1970 年，仅招收学生 42 000 人，未培养研究生，未派出留学生"，教育体制受到破坏，高考中断，人才培养断层，科研工作停滞不前，学校政治化严重，学生专业素质不足，学生停课闹革命，教学质量下降，但"文化大革命"期间中国高校教育也在缓慢发展，有部分工农兵学员珍惜接受高校教育的时机，坚守底线，刻苦求学，在逆境下艰难奋斗，成为我国现代化建设中的一支重要力量。据悉，"文化大革命"期间我国少培养了 100 多万大专毕业生和 200 多万中专毕业生，对我国社会主义现代化建设事业造成巨大损失。直到 1977 年，"文化大革命"结束，恢复高考，中国高校教育才逐渐走出逆境。

（三）高校教育现代化的恢复发展阶段

改革开放以来，我国变化最大的当属经济发展方式，全党的工作重点由"阶级斗争为纲"转移到社会主义现代化建设上来。教育也由原来的主要为政治斗争服务变成了为社会主义经济建设服务，由于之前工作的失误，人才培养严重断层，不能满足经济建设和国家发展需要，我国开始应时代所需，大力发展教育，高校教育获得恢复和发展。

1.国际化拓展高校教育发展空间

改革开放后，我国进入了社会主义现代化建设的新时期，1983 年，邓小平同志作了"教育要面向现代化、面向世界、面向未来"的题词，首次明确提出教育现代化的理念，标志着中国高校教育现代化的发展进入了一个全新的历史时期。面向现代化意味着教育发展要同国民经济发展要求相适应，这就要求高校教育工作者要根据社会政治经济文化发展的要求来调整高校教育内容。面向世界指的是要开阔视野，虚心向国外学习，追赶世界高校教育先进国家的步伐。面向未来，意味着将高校教育放在一个长远的规划中，用历史的眼光看问题。

1978 年，十一届三中全会后，改革开放成为我国的一项基本国策，高校教育逐渐面向世界，我国高校逐渐加大与世界各国高校交流的广度和深度，我国对外留学生人数也有明显增加。培养的研究生数量和出国留学的学生数量都有所增加，1978—1999 年，我国出国留学人数虽有波折，但基本处于上升态势，这也反映了我国致力于打造可以"走出去"和具有"国际化视野"的高级人才。

我国高校教育国际化趋势已经不可阻挡，中国高校教育应与国际接轨，可以通过互派留学生，定期派遣访问学者或者教师学习他国先进理念，也欢迎世界各国高校来中国参观学习，加强与各国高校教育的合作与交流融合。

2.加快推进科学教育培养创新人才

中国教育曾经以制度化的形式明确地提出建设"三步走"战略部署，形成中国特色，面向 21 世纪的社会主义现代化教育基本框架，根据我国社会主义现代化建设的现实情况做出科教兴国的重大战略决策，为我国培养更多高素质创新型人才，高校教育逐渐恢复发展。

20 世纪 70 年代后期到 90 年代初，从国家层面定位，我们的高校教育要赶上世界发达水平，必须要靠科学和教育。随之，20 世纪 90 年代，科教兴国战略提出并实施，全面落实科学技术是第一生产力，把科技和教育放在重要位置，全面提高全体国民的科学文化素质。推进科学教育使人类生活和社会发展产生历史性巨变，"正是科学由一种亚文化上升为主流文化，并进入大学教育领域，才开始其现代化转向。科学教育只是一个短暂的阶段，但也预示着高校教育新阶段的到来"。高校教育作为科教兴国的重要环节，高校教育的科学发展责无旁贷，高校教育必须要培养具有科学精神的创新性人才，加强科研成果的技术转化，建立发达的、科学的高校教育体系，使科学教育为我国经济和社会发展提供助力。

3. 办学体制多元化完善高校教育培养体系

高校教育办学是高校教育体制改革的关键，也是高校教育体制改革的基础，改革开放后，百业待兴，为了社会发展，提出以经济建设取代阶级斗争，指出要建设社会主义经济体制，为了使高校教育与国家经济社会发展相适应，高校教育的办学体制必须与国家政治经济体制相适应，因此我们需要改变过去计划经济体制下的高校教育办学管理体制，完善高校教育培养体系，满足经济社会发展对高水平人才的需求。我国开始大力改革高校教育体制，实行多层次和多形式的高校教育办学。

高校教育办学层次多元化。自1978年我国恢复研究生招生以来，我国形成了本科、专科、研究生教育三个办学层次，高校教育办学层次走向多元化，并形成了学历教育与学位教育相结合的高校教育办学模式，极大地促进了高校教育办学层次的多样化。

高校教育办学形式多元化。国家及有关部门鼓励和支持社会力量兴办高校教育，积极鼓励高校教育办学主体和高校教育经费来源多元化。国家教委对民办高学等校的法律地位、管理和调整方式等问题都做出了明确规定，承认民办高校的合法性。国家也通过法律的形式对社会力量举办高等学校给予肯定的法案。为社会力量参与高校教育办学提供了法律依据，在一定程度上刺激了社会力量办学的积极性，促进了高校教育办学形式多元化发展，促进了成人参加在职培训、自考、电大、夜大和企业办学等多种办学形式的快速发展。

（四）高校教育现代化的跨越式发展新阶段

21世纪以来，高校教育从质量和规模上都实现了质的飞跃，在质量上，面向21世纪的"211工程"和"985工程""双一流建设"等高校教育发展重大战略，致力于提高高校教育发展水平。规模上高校教育开始扩招，且收获颇丰，高等学校数量、教师队伍、经费投入、教学基本设施等方面都发生了较大变化，我国由高校教育精英化阶段进入大众化阶段。2018年高校教育毛入学率已经达到 48.1%，2020 年全国高校毛入学率达到 54.4%，全国共有普通高校 2738 所，这充分标志我国高校教育大众化向高校教育普及化过渡。

1. 大学生规模扩大推进高校教育大众化向普及化发展

我国制订了颇具雄心的建设计划和投入机制，高校教育投入不断增加，自 1999 年高校扩招以来，高校教育的招生人数大幅度增加。2000 年，全国普通高校教育招生人数已经达到了 220.6 万人，在校生 556.1 万人，到 2017 年，全国普通高校教育招生人数已经达到了 761.5 万人，在校生 2753.6 万人，是 2000 年普通高校教育招生的 3.45 倍，是 2000 年普通高校教育在校生的近 5 倍。2020 年全国普通高校共招生 967.45 万人，在校生 3285.29 万人。

我国高校教育发展的实践表明，高校教育数量扩大，人民群众对高校教育的需求日益得到满足，人民的受教育水平显著提高，高校教育改革取得了巨大成效，高校教育现代化发展取得长足进步。

2. 高校师资队伍建设为高校教育现代化提供重要支撑

高校扩招以来，我国高校教育规模迅速扩大，急需投入大量优质教师，我国高校开始加强本国教师培养，或高薪引进他国优质人才，加强师资队伍建设。据统计，2018 年，全国普通高等学校共有专任教师 163.32 万人，普通高校研究生以上学历教师比例为 73.65%，到 2020 年全国普通高等学校共有专任教师 183.30 万人。高校师资力量明显增强，学历明显提高。我国"双师型"优质教师人数也不断增加。这些高水平师资为我国高校教育现代化发展提供重要的人才支撑。

3. 内涵式发展提升高校教育人才培养质量

扩招是为了满足人民对高校教育的需求，为我国经济社会发展提供人才，但高校扩招，增加了高校教育规模，也带来了一系列的问题：师资力量、教育质量与基建等方面无法达到广大学子的需求，严重影响了高校教育办学质量，我国高校教育现代化发展开始由原来注重规模扩大的外延式发展转向注意质量提高、结构优化的内涵式发展，以此来解决高校教育现代化发展中存在的问题。为了促进高校教育的内涵式发展，提升人才培养质量，党和国家先后采取了一系列措施。

第一，决定实施"质量工程"，并计划加强对教学工作的领导和管理，加强专业调整，深化教育教学改革。

第二，提升高校科研水平，优化高校办学结构，提高人才培养质量，增强高校教育服务社会的能力，促进高校教育内涵式发展。

第三，国务院印发的方案提出了"三步走"的总体方案，即2020年和2030年总体目标，以及到21世纪中叶基本建成高校教育强国长远目标，我国高校教育现代化的近期目标和长远目标指向明确、航标准确、激奋人心。2017年，党的十九大在北京召开，习近平同志指出中国发展进入新时代的重要定位并指出"努力让每个孩子都能享有公平而有质量的教育。加快一流大学和一流学科建设，实现高校教育内涵式发展。"党的十八大以来，以习近平同志为核心的新一代领导集体，深知"民为邦本、本固邦宁，把人民需求作为改革出发点，发展中国特色，世界水平的现代教育"。

目前我国不断深化高校教育改革，革新高校教育理念，以人才培养能力为核心，深入推进高校教育管理体制和管理能力的改革，完善高校办学质量评估制度和校园文化建设评估制度，加强高层次人才的引进力度，促进高校产学研共同发展等方案，取得了巨大硕果。我国高校教育规模世界第一，结构也得到进一步优化。

中共中央、国务院相继印发了《中国教育现代化2035》和《加快推进教育现代化实施方案（2018—2022年）》，《中国教育现代化2035》是我国积极参与全球教育治理、履行我国对联合国2030可持续发展议程的承诺，为建设高校教育强国所做的战略部署与总体规划。《实施方案》聚焦未来五年发展的战略愿景，解决当前人民最关心最迫切的问题，建设公平而高质量教育，以高质量教育支持高质量发展，确保高校教育现代化建设更好地开局、腾飞。

回顾我国高校教育现代化一个多世纪的发展历程，我们发现高校教育发展有其自身的发展规律，但受经济发展水平所处阶段及政治制度的影响，也受国家和地区的传统和现存文化的影响，高校教育现代化发展必须同我国的政治经济发展相适应，与我国国情相契合。100多年来，我国高校教育曲折发展，党和政府不断调整高校教育相关机制，就是在这一观念的指导下艰难前行的，树立并强化高校教育主动适应经济和社会发展，高校教育是国家事业等基本观念，探索符合我国国情的现代化高校教育人才培养模式。合理处理人才培养与经济发展的关系，全面考虑这些因素，从我国的实际出发，遵循高校教育自身的基本规律，根据社会政治经济文化的变化做出适当的调整，既不能由于我国国情的特殊性而妄图改变高校教育规律，也不能看到他国高校教育发展的迅速性而全盘吸收。要善于总结经验教训，科学地审时度势，走具有中国特色的高校教育现代化发展道路，这也正是我们梳理高校教育现代化发展历程的目的所在。

第三节　现代高校教育教学育人管理的发展与改革

一、高校教育教学育人管理的发展

（一）高校育人政策变迁

高校育人管理不是一成不变的，而是根据国家和社会的发展对高校教育的内在需求成为高校教育政策的重要着力点，始终处于变动不居的状态之中。此后，中共中央、国务院以及教育部相继颁布了《中共中央关于进一步加强和改进学校德育工作的若干意见》和《中共中央国务院关于进一步加强和改进未成年人思想道德建设的若干意见》等文件，为高校育人工作提出了具体的指导，为我国社会主义事业的人才培养起到奠基的意义。进入 21 世纪后，我国颁布了具有里程碑地位的《国家中长期教育改革和发展规划纲要（2010—2020 年）》，其中将德育赋予了关乎"国运兴衰"的更高地位。尤其在党的十八大以及十八届三、四、五中全会后，"立德树人作为教育的根本任务"一再得到强调。上述政策的变迁说明，高校全员育人机制的形成具有强大的政策基础作为支撑，并会受到政策变化的显著影响。

1."三育人"的提出

"三育人"产生于 20 世纪 80 年代初。改革开放以来，面对高校教育大众化的快速发展形势，我国从高校发展的实际出发，出台了一系列的育人政策。原国家教委颁布《中国普通高等学校德育大纲（试行）》，提出"教书育人、管理育人、服务育人"的要求，为我国高校全员育人创新机制的构建指明了方向。这是新时期加强和改进大学生思想政治教育的纲领性文件，其明确提出了"高校要形成教书育人，管理育人和服务育人的良好氛围和工作格局"。高校教育的关键是人才的培养，大学所有的课程和活动开设都是围绕育人这个主题开展的。"三育人"的本质是一种整体育人观念，高校教师队伍和干部职工要把自己的本职工作与育人相结合，注重提升教学质量、管理水平、服务能力，以高效率的办事能力和严谨的工作作风感染每一位学生，不仅要使学生在课堂上学习专业知识，也要在校园中感受到被教育的氛围。高校要重视育人为本、德教为先的理念，发挥学生的主体作用，引导学生全面发展。

2．"五育人"的扩展

随着国际形势的变化，我国对外开放程度的深入，高校思想政治教育工作也面临许多新情况和突出问题，在增强思想政治教育的实效性上，许多专家学者进行了大量的理论研究，高校的教育工作者也进行了不少实践探索，但是大多集中在"三育人"方面，但在研究和实践领域又提出了"环境育人"的观点。随后，2012 年 1 月，教育部、中宣部、文化和旅游部、团中央等七部委又联合发文《关于进一步加强高校实践育人工作的若干意见》，"实践育人"又被提到了应有的高度。育人是个系统工程。"五育人"是在以往"三育人"的基础上增加了实践育人和环境育人，使高校"育人"工作更加全面，形成五位一体的格局，可以更加提升育人效果。高校"五育人"工作的重点和核心是学生的思想政治教育。要把加强学生的思想政治和道德品质贯穿在学校的一切工作之中，形成全员育人、全程育人、全方位育人格局，增强育人的综合效能，帮助学生解放思想、学习、生活以及成才、就业等实际问题，全面关心学生的健康成长，促进学生全面发展。

（二）高校育人实践的探索

高校育人管理机制是高校为贯彻落实中央精神的政策要求，深化内涵建设、持续改善教育教学效果、持续优化人才培养质量的现实需要，也是形成良好校风学风、建设良好育人环境的必要途径，是高校教育工作者必须持续深入探究的重要课题。高校育人机制体现了"全员参与"的大德育观，是整合和动员了校内外各方力量的系统性工程。在这一机制运行的实践探索之中，要注意培养全体人员以及各个有关部门的育人意识，使其能够主动承担育人职责，相互配合合作，实现协调、和谐的工作关系。在文件《关于进一步加强和改进大学生思想政治教育的意见》中提出，构建"学生思想政治教育合力系统"，而后《全国大学生思想政治教育工作测评体系》也将全员育人作为测评指标与之呼应。作为一种教育实践，各个高校在队伍保障、物质保障、环境保障、组织保障、制度保障等方面进行了积极的探索。在此过程中，出现了物质、资金、信息、人力等资源影响下育人效果参差不齐，育人工作流于"政策倡议、口号呼喊、表面执行"等形式。事实上，育人管理机制是高校在长期的历史发展进程中对优秀传统的吸收、整合和沉淀，体现着自身的特点和价值观，难以被模仿和复制，且具有一定的稳定性。

在"互联网＋"时代，无论是政策还是实践，高校育人都已实现了跨越主体身份的互动，更打破了原有在人员、时间、空间等方面的界限，实现了高校育人管理机制的多样化，将解决育人的理论难题和实践困境有机地结合起来。

二、高校教育教学育人管理的改革途径

高校教育教学育人管理的实质是将思想政治工作融入教育教学全过程与学生成长过程。是从时间角度育人，对学生提出要求，也是对教育管理者的要求。

（一）明确育人理念

在育人理念上，着力实现"需求侧"和"供给侧"协同联动。关注学生关心什么，了解学生的实际需求，解决学生的实际困难，解决学生中个体和共体的难点和热点问题，坚持以问题为导向，增强解惑能力。关注学生"需要什么"，提高精准程度，满足学生成长成才所需，将思想引领和价值取向结合，将各类奖助学金、评优推优、发展党员、建档立卡、特殊困难、一般资助、勤工俭学、"助理辅导员"、创新创业活动参与、心理健康咨询深度融合、大学生社会实践活动、校园文化建设、班级文化建设等相结合，不断加强思想政治教育活动，融入各种社会实践活动中去，不断提高育人高度和力度，不断提高协同能力，不断解决思想和实践的结合创新的问题，力争达到统一，达到育人的效果。

2020年年初，在抗击新型冠状病毒疫情的斗争中，我们的医护人员冲到最前线，他们是"最美逆行者"。我们要鼓励在校大学生努力学好科学文化知识，做一个对社会有用之人，做一个有担当、有责任的社会主义接班人和建设者。

（二）构建育人管理体系

1. 全过程育人体系

在育人体系上，着力实现育人目标、内容、渠道、队伍的相互协同。

目标协同重点放在将知识目标、能力目标、社会主义核心价值观目标有机整合起来，发扬新一代大学生有担当、有责任的新风尚，学习科学技术、熟悉文化知识、掌握先进的科学技术本领，践行社会主义核心价值观体系，培养德智体美劳目标体系为统领方向，注意区分不同专业，不同层次的学生，不同的职业发展的差异性和共性。

内容协同重在加强爱国主义情怀，坚定信念，培养和发扬"工匠精神"，加强高校思想政治教育，提高认识，提高站位，提高大学生综合素质，培养大学生人文情怀，关注中国传统文化的吸收和利用，增加知识的储备，坚定社会

主义方向，提高大学生综合能力的培养和综合素质的提升。

渠道协同重在逐步推进思想政治教育和日常思想政治教育结合，加强课程思政和思政课程的建设，关注线上和线下的结合教育，以及社会、学校、家庭相互协同，多渠道，多途径，多方位加强育人效果。

队伍协同重在抓紧辅导员和思想政治队伍的建设，行政管理队伍、专职教师队伍，利用好课堂育人。就业指导人员，心理咨询师，教务教学管理人员和行政管理人员相结合，多方联动，形成合力作用，最大化发挥育人效果。

在选择职业时，应结合自己实际工作，结合国情，结合实际而奋斗，结合市场需求，不盲目追求。有效利用重大活动、开学典礼、毕业典礼、党团活动、了解历史，开展校园文化活动，丰富校园文化知识，推进中华传统文化教育，要有责任，有担当精神，要加强开展"不忘初心，牢记使命"主题活动，为了学生成才、成长而育人，要与时俱进，不断思索，不断学习，全社会要养成育人氛围。

2. 加强文化育人质量提升体系

2017 年 12 月中共教育部党组织印发《高校思想政治工作质量提升工程实施纲要》中明确提出加强文化育人质量提升体系。注重文化育人，提高大学生文化素养，提升大学生文化涵养，加强中国优秀传统文化教育，加强中国革命历史教育，弘扬中国革命传统精神，加强井冈山精神教育，学习"红船"精神，学习"延安"精神，学习革命先烈之精神，弘扬和践行社会主义核心价值观。推进中国红色革命教育，认识到今天的幸福生活来之不易，用中国传统文化熏陶学生，培养大学生人文情怀，让中国五千年的文化精髓植入学生的生活之中，抓好学风建设，繁荣文化校园，建设人文校园，建设优美环境，保护环境，爱护环境，爱护青山绿水，爱护校园，爱护国家。

3. 加强学风校风建设

开展丰富多彩的文化生活，加强社团建设，围绕本年度大纪念活动，展开丰富的人文天地活动，开展读书笔记活动，开展中国传统节日活动，丰富学生生活内容，展现当代大学生的魅力。加强班级文化建设，加强学风建设，以班级建设带动各项活动，增强人文教育，爱国主义教育，加强集体主义感，推行爱国、爱校、爱家、爱社会主义活动。注重集体参与，培养团结、拼搏、奋斗精神。在班级形成一股爱学习、追求学习的气氛。开展知识兴趣小组，不定期举办人文活动，发挥主人翁思想，让每个人都动起来，在活动中进行思想政治教育，把育人的理念融入实践中，效果会更好。

4.加强高校教育组织协同

（1）加强高校内部人员之间的相互协同

高校中的各类主体可以从管理、实施、接受和支持几个方面加以划分。在整个高校大学生教育工作开展过程中，要始终将加强教育主体对自身角色认同感，不断加强教育者的协同意识，明确自身教育责任，实现高校内部人员之间的协同，提高高校大学生教育的效果。

首先，在高校党委领导下，加强党政和共青团相关领导干部的管理主体协同。在高校中，党政干部一般负责制定高校大学生教育相关的工作计划与协调实施等，而共青团干部一般与党政干部相互协作，共同开展教育工作并对其进行一定的补充。党政干部和共青团干部基本上通过相互协商的方式，来提高成员为解决高校大学生教育过程中所面临问题出谋划策的积极性，切实让每个成员在教育过程中认识到自己位置的重要性，从而能够更好地加强工作上的协同配合。

其次，教师与辅导员的作为实施主体，在高校大学生教育工作中的相互协同必不可少。教师作为高校大学生教育过程中的主导者，需要在教育过程中充分正确利用主导地位，在加强对大学生基本理论知识传播的基础上，同时积极组织大学生教育相关的活动，并鼓励大学生参与其中，引导大学生做到知行合一，不做违反诚信道德规范之事。辅导员亦是如此，要充分利用辅导员的亲和力与学生之间的良好关系，深入大学生的内心，引导大学生自觉树立诚信意识，规避失信行为，为高校大学生协同教育工作的顺利进行贡献力量。

最后，其他人员作为高校大学生协同教育的支持主体协同。所谓其他人员，则包含高校的其他职能部门人员，例如后勤人员、财务人员、保卫处人员等，但是也包括家庭教育中的家庭成员和社会教育中的相关人员，例如父母、社区人员、企业人员等。支持主体要协同配合其他主体的教育工作，并在高校大学生教育过程中，能够做到真正重视大学生的教育，为高校大学生教育工作提供支持。

（2）加强高校内部部门之间的相互协同

高校大学生教育的开展，需要高校内各部门的相互配合才能顺利进行，并实现既定的目标。加强部门之间的协同，需要各个部门有着相互协同且通力合作的协同意识，才能在充分发挥自身部门职能的基础上，实现各部门默契和谐的协同育人关系，最终形成系统的大学生教育中各部门相互协作的模式。加强部门之间的通力合作与协同配合，有利于各部门真正将引导大学生自觉遵守诚信道德规范作为高校大学生协同教育工作的出发点和落脚点。

高校各个部门都承担着不同的职责，部门在履行各自职责的基础上完成高校大学生教育工作，需要各部门通力协作。

首先，加强高校党委领导管理与行政职能支持相协同。党委部门是高校大学生教育工作的核心部门，通过加强系统内部协调和上下协同，对高校大学生协同教育工作提出各项提议并积极组织相关工作的开展，发挥决策与管理职能。行政职能部门则是高校大学生教育工作的支持与执行主体，其既需要支持党委部门的工作，也需要有效执行管理部门分派下来的相关教育工作。党委部门和行政部门不能因为分工不同而被割裂开来，应该加强相互之间的联系互动与协同配合。以引导大学生自觉遵守道德规范为中心任务，坚持高校党委指出的大学生协同教育工作的开展方向，各行政职能部门坚定高校党委的领导，落实大学生协同教育工作，同时接受高校党委的管理与监督。

其次，加强各行政职能部门之间的协同。虽然每个行政职能部门的主要职责不尽相同，但是却都有着培养大学生养成良好道德素养的教育责任。开展高校大学生协同教育，亦是要充分发挥行政职能部门的育人作用。例如，通过对本校大学生的状况实际调查，共同参与大学生教育的课题研究。马克思主义教研部、思想政治教育教研室等部门可以提出专业的教育观点，教务处、学生工作部等部门可以从学生学业成绩入手，提出观点和看法，而后勤部、财务部和保卫处等部门则可以从学生日常生活出发，提出自己的见解和看法，这样不仅使不同部门之间相互了解与学习，促进了部门之间的互动交流，而且能够更全面的开展大学生教育工作，提高部门之间协同意识，推动大学生高校大学生教育取得实际成效。

最后，加强学校与院系之间的协同。学校和院系有着各自的功能与职责划分，但是共同承担着大学生教育的工作。因此，学校要在高校大学生教育中突出发挥整体协调与管理的主导性作用，将教育任务分解到位，为院系教育工作的落实做好规划，同时在跨院系与跨学科之间做好协同和衔接。各院系要结合自身的学科特点与教育特色，将教育工作落到实处，对高校大学生协同教育工作的发挥有效的推动作用。

（三）形成育人管理的环境保障

环境是育人最微妙的领域，良好的环境能对人的影响是无形的，可以实现对人的熏陶和感化。中央16号文件《意见》中要求全社会来支持高校的育人工作，并要建立健全学校、家庭、社会协同互动制度，实现多角度、多方面、多层次的育人。这说明，高校全员育人创新机制需要一个强有力的保障体系，涉及高校内外部的人、财、物和信息。

1. 争取各级政府提供重要支持

我国的高校教育体系中，公立高校是主体，政府是最为重要的外部治理主体，从这一角度说，育人也是政府的责任。但政府不可能直接作用与学生群体，所以政府育人功能的实现是通过为高校提供良好的环境保障来实现的，这是政府在高校教育人才培养中责无旁贷的职责。高校育人创新机制需要动员所有高校的利益相关者参与，所以需要政府提供相应的经费予以保障。而且，育人与解决困难学生的上学问题结合在一起，影响整体育人的效果，政府及其教育行政部门应积极与高校配合，形成奖、助、贷、勤的长效制度体系。政府在育人方面的作用还能够体现在引导毕业生及其家长转变就业观念之上。政府可以利用自身资源丰富，特别是信息掌握全面的优势帮助他们认清就业的形式，下调其虚高的就业期望值，积极配合学校开展就业工作，全面减轻各个育人主体的压力。

2. 动员社会因素积极配合

人的发展离不开社会环境。高校学生作为成年人与社会接触的机会明显增多，因此，社会环境也是高校育人创新中不容忽视的一环。社会中相关人员的参与使高校的"育人"深度和广度有所增加，功能也有所增强。学校可以根据学生的专业以及自身的条件，及时为学生提供社会实践的机会，更好地肩负起育人的职责。同时，全社会也应为学生营造良好的氛围，提供各类资源支持，如各新闻媒体、出版社、文艺部门等都应注重营造积极健康的社会环境。社会中的素材，如事件、话语信息等都可能对学生的人生观、价值观和世界观产生影响。"校友"是另外一种具有巨大潜能的社会因素，一个优秀的校友往往能够在育人中期待榜样的作用。高校应充分利用这一资源，开展校友访谈，校友风采展，邀请创业或知名校友回校举办论坛等形式，对在校生的发展起到示范和引导作用。

3.联动家庭与学校

由于狭义的教育是指学校教育，所以家庭的教育往往遭到忽视，家长也有意无意地漠视了自身的育人责任。事实上，家庭育人的作用不仅重要而且持久，并能够深入到学校教育无法顾及的地方，必须予以高度的重视。那么，要实现高校育人，家庭（或家长）首先要认同高校对学生的培养方式，认同高校的规章制度和奖惩手段，这是开展"家校合作"的前提和基础。在二者关系之中，高校要起到引导家庭的作用。在联动中，家庭要从传统的"支持者"角色转变为参与决策者，因为育人不仅仅是高校单方面的事，学生无论是在学校中还是走出学校后，与其关系最为密切的就是家庭。首先，家庭教育是其他教育的基础，具有启蒙性和终身性，对学生潜移默化的影响不可替代；其次，价值要意识到学校教育是一种阶段性教育，而自身的教育对于学生具有一贯性；最后，高校其他人员在与家长合作过程中，自身也是受教育的过程。家校联动从本质上说就是在家长和学校之间建立沟通的渠道，加强二者联系以便形成育人的合力。只有双方共同努力，才能形成"高校全员育人创新机制"的有力支撑框架。

高校教育专家伯顿·克拉克将高校教育作为一个系统予以考察，而高校、家庭和社会就是其中对育人有着重要影响的三大子系统。三者只有相互配合，资源协调共享，才能够更好地共同承担责任，带动全员育人创新机制的不断完善。

（四）优化高校育人管理机制的程序与形式

高校育人创新机制程序与形式的优化是指，在原有机制的基础上，通过更加理性化的制度规范不同参与者的行为，调动其工作积极性，在程度和形式上实现不同全体的利益平衡。学生、教师、管理者、教辅人员不同群体构成独特的亚文化，因此，他们对育人创新机制的程序与形式也有着不同的要求。只有通过对这些亚文化不断吸收、整合、沉淀，才能形成稳定性较高的程序和形式，引导学生校园生活的建构。

1.坚持党委对育人工作的统一领导

高校育人创新机制不是无源之水、无本之木，而是与我国高校的领导体系密切相关的。实践证明，该体制适应了我国高校教育现代化的发展要求，并对育人起到了不可替代性的作用。因此，2014年10月15日，中共中央办公厅印发《关于坚持和完善普通高等学校党委领导下的校长负责制的实施意见》，要求必须毫不动摇、长期坚持并不断完善这一制度。在深化高校教育领域改革这一新常态下再次重申这一领导体制的重要意义在于，强调党委在高校，特别是在育人工作中的领导地位，这是执政党赢得青年学生的能力的体现。从在"高校全员育人创新机制"的分工来看，高校党委的任务在于，把握"育人"的整体方向和要求，制定长期目标和发展规划，并将其与学校总体发展目标相结合，使其成为全体人员工作与生活的意识自觉。同时，校党委要建立起一支在育人工作中持续发挥作用的、专业性高、素质强、成员稳定的政工干部队伍。而院系党委具体负责学生的思想政治工作，是育人的主阵地，应充分发挥党团组织在"互联网＋"时代的作用，利用网络虚拟组织和空间，深入参与育人。

2. 落实以校长为首的行政管理系统的全面负责

我国高校中，以校长为首的行政管理机构是重要的组织子系统之一。校长作为高校行政的"首席"，其一举一动都具有潜在的"榜样"作用；而行政职能部门的工作人员的思想和行动往往会以一种价值标准和人格范型的形式间接地影响学生的价值判断和行为选择。这要求，一方面，管理部门和管理者要转变工作作风，以平等的身份与学生交往，加强廉政建设，提高办事效率，使学生感受到良好的品质和人格魅力；另一方面，高校要加强管理制度的建设，在面对问题与冲突时，做到有章可循，程序正当，特别是在学生事务方面，应依据章程、制度等来保障学生的权益以达到育人的效果。

高校的行政管理人员的育人功能也非常重要。应该充分发挥行政管理育人功效。不仅是管理学生事务，也包括引导学生的自我管理，它是全员育人的要求，也是全员育人所要取得的成效。发挥行政人员的长处，结合自身素质，管理能力，积极参与管理，参与育人职能，对学生的成长起重要作用。学校各部门行政管理人员都应负起责任，教育不是一两个部门或者一两个老师的责任，是有多方面的因素组成的，要求所有人员在从学生入学到毕业，这是一个教育过程中，每一个教育者都有责任对学生的进行教育和培养。学校每个成员的一言一行在无形中都会给学生留下印象。所以说行政管理人员也要参与学生管理。近几年已有民办院校已开始实行行政部门值班，假期参与学生管理，参与招生咨询，负责接待，这都是参与学生管理工作的方面。

3. 激励教师育人的积极性

教师作为高校育人管理创新的主体需要被激励。教师群体不同于其他群体的特点在于，他们通过学术精神、学术人格来体现生活理念、态度和理想以及价值追求、行为的伦理规范等，在教学和科研活动中实现育人的功能。但是，除辅导员教师和思想政治课教室外，其他学科教师的育人功能是隐性的。这种隐性特征导致"专业教师在工作中对自身的育人价值被忽略",因此需要通过激励将其动员起来,以便更好发挥效用。从高校教育发展的实践看,所有制约性因素最后都归结到教师资源的配置上,这是当前我国教育制度创新面临的重大问题。所以,高校育人管理创新必须抓住教师队伍这个核心,激发其职业活动、专业创造力和育人热情。

马斯洛的需要层次理论指出,个体既有低层次的物质需求,也有高层次的精神需求。高校教师的教书育人工作既能够保证物质需要的满足,也能保证精神需要的满足。在此过程中,引入竞争机制,能够不断增强教师队伍的动力和活力,但要注意循序如下的激励原则:一是精神与物质相结合原则,不必赘言;二是适时适度原则,即激励超前或不足会导致无足轻重,滞后或过度则都会导致不满;三是引导原则,通过创造良好学习、生活、工作环境实现;四是公平公正原则,缺少公平公正会造成紧张和不安情绪,影响人们的行为动机,甚至导致其积极性下降。总之,对于教师而言,育人是对其精神需要的一种满足,需要设定激励机制使其自动按规律发生作用,形成结果。

4. 将学生作为育人共同体的要素

学生既是育人的主体也是育人的客体,在高校教育教学育人管理中具有双重身份。因此,高校应引导学生自我教育、自我管理,改变当前只强调知识和技能的培养思路,为学生提供从事合作活动、创新活动、爱好培训的机会和场地。将学生纳入育人共同体一方面有助于高校将学生发展需要放在首位,创新工作理念和办学方式,提高人才培养质量;另一方面有助于使学生在实践中熟悉和了解学校的情况,同时锻炼自身的人际交往等能力。

将学生由一个单纯的受教育转变为育人者有多种方式。例如,在管理部门设立学生助理岗位,在后勤服务部分设立学生"监督员"等。院校可以根据自身的条件来不断发展出学生育人的新方法和新途径,发挥其教育主体的作用。此外,高校中,学生育人还体现在朋辈共同成长上。学生在高校内部形成了一个小"共同体",可以培养共同行动的意识和行为。在这个小"共同体"中,"每个人的自由发展是一切人的自由发展的条件"。学生在其中找到适合于自己的活动,工作和角色,不断发展自己的志趣和爱好,更加个性化;同时也积累共同生活的经验,掌握道德规范,更好地实现社会化。当前,高校学生的集体活动、学生之间的交往有所减少,因此,组织并开展丰富的第二课堂活动,促进学生的全面发展,是知识经济时代的育人要求。

5. 培养后勤人员育人的主体意识

高校教育与基础教育的显著不同之一就是，高校不仅是学生学习的场域，更是生活的场域，后勤集团作为重要的教辅部分，他们与学生打交道的时间和频率往往是校内最高的。因此，其"服务育人"的意义和价值不容忽视，甚至更为重要。后勤人员的工作与学生生活息息相关，需要他们在饮食、住宿、医疗等方面进行精心安排，并及时听取学生的意见和建议，不断改进服务质量。高校的软硬件环境也是常见的育人手段，能够实现在生活中对学生人生观、价值观和世界观的陶冶。

近年来，各高校通过不断合理规划校园布局，整治校园环境，不断使校园更加的整洁美观。通过不断改善教学楼、教室、自习室、图书馆等学习场所的硬件设施，并对相关场所进行精心布置，凸显学术气息，这一做法有利于培育浓郁的学习氛围。对于校园中的公共场所实施绿化，保证学生的身体素质，烘托进取、向上的学习氛围。建设安全的网络环境，构建高效的沟通平台，以达到凝聚和教育的目的。通过对高校教育教学育人管理的解构与重构发现，高校组织是一个开放的系统。后勤等教辅人员不能"想当然"地将育人地责任推到其他群体身上，只有他们努力提供高服务质量，才能为全员育人创新机制的有效运行提供有力支撑。

高校育人管理创新中，不同的人员只有分工的不同，并不存在职责的不同。所有人员育人的成败关键在于，是否能够帮助学生将道德知识转化为道德实践，内化为道德品质。所以高校内外部与育人相关的人员不仅只追求完成模式化的工作，更要创造性地开展育人工作，并将其作为工作的重点内容之一。

6. 构建对话式的全员育人创新机制

"对话"是高校育人的一种全新理念。在我国传统高校的育人机制中，学生事务的职能系统主要包括：学校分管领导、学校学生管理部门、院系分管领导、院系学生工作办公室、学生辅导员（班主任）和学生干部。在这种直线职能制的结构设计中，其他机构、部门及其人员很难介入，甚至学生自身都被异化为被管理的对象。但当前，移动网络与新媒体在育人工作中的应用，打破了这种部分群体对话语权的垄断，高校全员育人创新机制开始以"服务"和"协调"作为核心词，以便形成不同主体之间的对话模式。这种模式不仅不会削弱原来机构及其工作人员的职权，反而因为行动方式的变化而导致权力的加强。

对话模式强调高校全员育人创新机制中关于"服务、引导、沟通与协调"等方面。通过沟通将与学生有关的各方，如学生管理职能部门、教务部门、人事部门、后勤部门、科研部门以及教师、家长、其他相关者和社会人员。在这一模式中，全员育人创新机制的发生路径发生多元化的转型，使原本直线职能式向扁平化的结构的发展，减少不同机构的管理跨度，同时也实现了主体之间及时的直接沟通，减少了信息传递中失真的危险，如此一来，育人效果彰显，这种成就感在无形之中也会激发各个参与主体的进一步参与的热情。

高校是由具备高深专业素养的不同人员构成的共同体，他们普遍具有先进意识、理性的道德选择能力和自立自觉的行动能力。在对话模式下，高校中的所有部门、教师以及学生群体自身；高校外的家长、社区及其他社会有关人员都切实成为育人的主体。他们通过合作、协商而形成伙伴关系，通过共同目标的认同来实现对学生的正向影响。其中，需要注意的是，学生事务职能部门及其管理者仍是这种多元主体对话中的"首席"，这是其工作职能决定的，但又与传统的工作范畴有所不同。该部门在全员育人创新机制中要起组织和主导作用，鼓励、发动、吸收和支持其他人员来参与育人，促进机制的健康运行。对于其他成员，如教务、人事、后勤、科研、保卫等，其本质上说是因学生的存在而存在的，应自觉、主动地承担起与自身工作职能范畴相匹配的育人任务。他们思考和定位自身的职责，对育人创新机制的介入表现出日常性和积极性的特点。教师的本职工作就是教书育人。当前的机制中，师生之间缺少对话，教师在课堂之外几乎在育人方面没有发挥任何的作用。如果教师无法走进学生的世界，那么学生如何感受言传身教呢？通过师生对话，教师可以充分展示自身的人格魅力，不仅成为学生学习的导师，也成为其生活和思想上的导师。可以说，教师的知识、人格和修养使他们在对话模式中具有极大的优势，只要方式运用得当，必将对育人创新机制大有裨益。

在对话模式中，学生与其他主体之间不存在必然的合作性。我国高校中存在"官方性质"的学生组织，如团委、学生会，由于这种正式组织带有加强的政治色彩，所以功能异化较为严重。要消除这种正式组织在对话中的障碍，必须加强其自为性，同时以学生社团这种自组织主体为辅，发挥学生自我教育和自我管理的功能。这不仅可以促进学生群体自身之间的交流，也通过繁荣的校园文化生活，使学生群体与其他群体开展交流对话，加深彼此之间的了解，在育人创新机制中发挥组织和协调学生思想和行为的作用。家长是育人最可信赖和依靠的力量。他们对学生的个性、性格与爱好最为熟悉和了解，学生也对家长存在天然的依赖和遵从，因此，家长的育人作用独特而不可替代。其他主体在于家长对话中应注意方式和方法，考虑彼此的心理特征和接受能力。

现代高校作为社会中的开放型组织，与社区、社会相关机构和人员的对话也是育人创新机制运行的重要一极，这些主体与家庭（家长）共同构成了高校育人的外部环境。世界处于普遍联系之中，社会精神文化与制度体系对高校学生的思想和行为具有决定性意义，因为它是构成学生公民素质的主要因素。社会与社区通过与高校、家长和学生直接对话的结果营造有利于学生成长的环境，制定有利于学生发展的政策措施，以此配合高校的育人工作，形成创新机制中的协作。

对话模式体现了高校作为现代社会轴心机构保障多元主体利益的特征。该模式作为高校全员育人创新机制的实现路径必须建立在组织成员和社会各方自觉认知并凝聚共识的基础上，认同感的产生有利于形成主体的权威性，并增进主体的责任性，造就育人的参与动力。

第二章　高校教育教学育人管理的现状分析

我国高校教育发展增速的同时，要分析高校教育理念、课程管理、学生管理、教师管理和行政管理的创新发展现状，才能使我国的高校教育教学育人管理适应当前社会发展的需求，培养全面发展的大学生人才。本章分为高校教育理念创新发展的现状分析，高校课程管理创新发展的现状分析，高校学生管理创新发展的现状分析，高校教师管理创新发展的现状分析，高校行政管理创新发展的现状分析五个部分。主要包括：高校教育理念的发展变迁和创新发展现状，高校课程管理中高校教师的课程理论培训、课程评价制度等创新发展现状，高校学生管理的创新发展现状，高校教师主体管理、聘用管理和保障管理等创新发展现状，高校行政管理现状等内容。

第一节　高校教育理念创新发展的现状分析

一、高校教育理念的发展变迁

理念始终存在于制度变迁的整个过程中，它能在一定程度上解释制度为何变迁，并且能够体现制度与价值的统一性。在历史制度主义中，理念有着两种含义：第一，背景性理念。此种理念也能称为情境性理念，是指将理念融于制度之中，有利于行动者展开行动。第二，工具性理念。其有利于行动者自身利益的实现，政策范式是工具性理念的表现。因此，高校教育理念与思想的变化是高校教育教学改革制得以演进的重要内部动因。

（一）世界高校教育理念

高校教育哲学能够为高校教育发展提供方向性指导，会对高校教育未来的发展规划产生影响，也会对高校教育机构的发展产生影响。布鲁贝克就大学如何确立自身地位提出了两种路径，即以认识论为本和以政治论为本的高校教育哲学。在认识论看来，大学的存在是为了追求知识，了解深奥的世界，是一种"闲逸的好奇"，是一种纯粹追求真理的高校教育哲学理念，追求知识是最终目的。政治论强调大学的存在不只是为了追求知识或者出于一种好奇，而是对国家、对社会的发展有着重要影响，它能够把社会需求当成自我发展的动力。除了"认识论"与"政治论"两种哲学理念外，还存在一种"资本论"的理念。如果说"认识论"是将学术作为大学的价值追究，"政治论"是将国家利益作为大学的价值追求，那么"资本论"则是将市场需求作为大学的价值追求。高校的发展会受到办学宗旨的影响，而办学宗旨又是基于高校教育理念形成的。不同时期，高校办学宗旨的确立、建设、改革和完善都会基于此时期的指导理念，即高校教育哲学来开展。自然，高校教育教学的改革和发展也会受到理念的影响。

新中国成立前，由于当时我国正处于特殊的历史时期，高校教育领域内充斥着多元思想，欧美的存在主义哲学、实用主义哲学、进步主义哲学、理性主义哲学等，因此高校内部也就呈现各种思想理念兼容并包并不断碰撞的状态，同时正是因为思想上的多元和包容，我国高校教育走过了一个辉煌的时代，涌现出了许多大师。新中国成立后，在国内国外局势的影响下，"以苏为师"成为指导我国发展的思想，马克思主义哲学和无产阶级专政哲学全面替代了以往多元化的哲学体系。在高校教育中，专业化的苏联高校教育哲学本质上就是政治论的哲学。故而，在此观念的指导下，我国进行了院系调整、课程设置、教育试点等工作，并且高校也成为政府的附庸，办学需遵守政府的指令。政治论的高校教育哲学有利于新中国成立初高校教育的快速改造与稳定，但也带来了思想上的僵化，逐渐产生政府权力过大、高校"无权"以及高校发展缺乏弹性、速度过快等问题。尽管从事实上来看，新中国成立初期高校也确实得到了发展，但不久就被"大跃进""文化大革命"等运动损害，处于一种无人管制的状态。在政府权力过于集中、高校附属于政府、缺乏办学自主权的时期，高校工作大多只是政府对高校的监管和检查，与现在所说的并不一样。改革开放的目的是兴利除弊、解放思想禁锢。在改革开放的背景下，我国高校教育哲学也发生了巨大扭转，逐渐建立起一种兼容并包、符合教育规律、以人为本、不断创新、以马克思主义哲学为核心的多元高校教育哲学体系。这种高校教育哲学体系具有"认识论""政治论"和"资本论"高校教育哲学理念的特性，三者共同影响着我国高校教育的发展，表现在高校教育中为"学术自由""办学自主""效率""成本""规模"等。

（二）中国高校教育思想

当前人们普遍将教育理念作为具有广泛含义的教育思想来使用，并没有明确界定理念与思想的区别，因此本研究对高校教育思想与高校教育理念不加区分。每一种思想的产生和发展都会受到环境的影响，中国的高校教育思想必然也会受到我国国情的影响。一般来说，思想专指的是某个人的思想或者某个流派的思想，如在教育学中我们常常研究的孔子、杜威、永恒主义、存在主义等教育思想。在现代社会中，教育已然上升为国家事业，其社会性越发突出，教育是具有内外部规律的。既然教育与社会诸多方面相关联，那么教育思想也就不仅仅局限于人，还应包含国家层面的教育思想。

我国 70 多来的高校教育思想可分为三个阶段：以政治建设为中心的高校教育发展思想（1949—1977 年）、以经济建设为中心的高校教育发展思想（1978—2011 年）、以人民为中心的高校教育发展思想（2012 年以来）。这三个思想阶段正是在具有整体意义的高校教育理念指导下形成的，而我国高校教育教学改革的发展也是以此为基础变化的。第一阶段我国不论是从政策文件、教育方针、制度建设以及各种高校教育实践上都将政治建设放到了中心位置，尤其是"文革"期间更为显著，高校勉强也只是一种内部的改革。随着改革开放，经济建设成为国家的中心任务，教育具有生产力的性质也逐渐显现出来，高校教育与经济日益密切，因此随之的一系列法律政策也都是为了适应国家经济建设而颁布的。任何事物都有两面性，经济的确在某种程度上促进了高校教育的发展，但我们也不可否认其对高校教育质量产生了一定程度的损害。在这个阶段，国家和社会加大了对高校教育质量的关注，也做出了一些具体实践，如本科教学评估、高校章程建设等，高校教育教学改革也被提上了日程，国家、社会逐渐重视高校教育教学的作用，党的十八大标志着我国进入了中国特色社会主义新时代，十九大确立了以人民为中心的发展思想，高校教育的发展思想也转变为"以人民为本"。我国高校教育的发展就是要依据当前中国的现实情况，为实现"中国梦"和"四个服务"不断努力，办具有中国特色的世界一流高校教育和学校。此目标实现的关键在于是否具有高质量的、能够满足人民需求与社会需求的高校教育。在这种高校教育思想下，高校教育教学的力度便需要不断加强，从形式和内容以及法律制度等方面也都会得到进一步的完善，由此来确保高校教育的质量。

政策是理念进入制度变迁的载体，通过政策，抽象的理念便会转化成一些具体行为，理念有助于推动政策的执行，进而影响制度环境。随着理念的变化，我国颁布了一系列的法律政策，高校职能也发生深刻变化。法律政策最能体现出一个国家和社会对高校教育的认识与态度，同时也对高校教育教学改革的演进有着关键性作用。

高校教育理念与思想影响高校教育法律政策的制定，而法律政策是高校教育教学改革构建和发展的基石。改革开放后，我国市场经济得到快速发展、国际化也逐渐加深，西方国家的哲学思想再次涌现，我国在坚持马克思主义理论的基础上，吸取主要部分，形成多元化的高校教育哲学体系。因此，在这种情况下于1985年中共中央开始教育体制改革，颁布的《关于教育体制改革的决定》成为我国教育发展的关键节点，与之相应的我国高校教育开始了重大变革。随后颁布的文件也都一直强调政府放权和高校办学自主权的加强，这是高校教育理念中"高校自治""学术自由"的表现。随着20世纪90年代依法治国提上国家日程，我国开始了法治建设，教育领域也逐渐出台一系列法律法规。此后，不管是法律还是政策文本中都强调依法治教。在法治思想的影响下，我国高校权利逐步落实，并且越来越具体化，如高校可以自行完善内部结构，加强民主管理。影响我国教育改革和发展的还有两部重要文件，也是高校教育发展的关键节点——《中国教育改革和发展纲要》（1993年）和《国家中长期教育改革和发展纲要》（2010年）。这两部《纲要》是在分析当下我国教育所面临的问题下所制定出的该阶段的发展蓝图。从《决定》（1985年）再到之后的两个《纲要》，都涉及教育监督和评估，这是西方绩效、质量、评估、效率等思想的表现。

我们身处于一个法治社会，因此高校教育理念的建设也必须有法律制度作为保障。纵观改革开放后的一系列文件，不难发现高校的权利愈加明晰，政府和高校的权力边界也不再像之前那样模糊不清。此外，高校在拥有权力的同时也赋予了更多责任，但始终是以育人为核心任务。育人，既要将教学质量提高，也要培养德智体美劳全面发展的人才。故而，办出中国特色高校，提高教育质量就成为高校教育教学的主要目的。这些都需要法律政策作为保障，法律政策之所以得以制定离不开高校教育理念和思想的转变。它们的变化除了能从法律政策上表现出来，高校的办学理念和方向也可以表现出。《教育法》中明确规定了学校要有章程，《高校教育法》中更具体提到高校办学的前提条件之一是章程。章程的建设是现代大学制度的重要部分，其中就涉及高校的办学宗旨。1949—1998年，我国高校章程皆为教育部颁布的并且较少，如《北京师范大学暂行规定》（1950年），高校并未自行颁布章程。1998年《高校教育法》颁布以后，高校开始自行制定章程，扬州大学、黑龙江大学等最先完成制定。此后，在国家的重视下，高校开始陆续颁布章程，章程的建设反映出政府与高校在规范高校运行上的艰难探索，同时也体现出在高校教育理念的引导下，高校理念的变化对高校学生自我管理的影响。当前我国已经颁布的高校章程中普遍共同存在以下特点：第一，我国高校坚持社会主义的办学方向，这是以马克思主义理论为核心的高校教育理念的体现。第二，大部分章程都包含人才培养、科研、社会服务和文化传承，这既是高校应有的使命，也是多元化高校教育理念下高校应担负的职责。第三，高校章程普遍都强调了高校依法自主办学，在此基础上，高校在章程内明确对其内部人、财、物如何管理进行了划分。因此，我们可以说高校教育理念和思想是推动高校教育教学改革的内部动因之一。

二、高校教育理念的创新发展现状

（一）教育理念创新

在高校的整体教育理念方面，高校要重视素质教育，要做到创新教育，要开展充实教育。并且最重要的核心理念是高校要改变观念，努力培养拔尖学生，实现通才教育，做到因材施教。

1. 素质教育

从 20 世纪 80 年代开始，我国教育界就开始对素质教育越来越关注。在高校里应试教育虽然不是最主要的问题，但是同样要强调素质教育，因为当时的高等学校普遍存在着过于强调专业教育，培养专门人才的情况。并且当时美国、日本、韩国等，已经在人才素质的培养上形成了一系列的观点和举措，十分值得我们借鉴和思考。这样的国际形势，对我们来说是机遇也是挑战，我国只有加快教育改革的步伐，改变高校的教育观念，努力提高人才的素质，才能适应 21 世纪对于人才的需要。以前高校为了适应计划经济，培养学生仅仅从行业的需要出发，一味强调专业对口，这样的要求在市场经济下是行不通的。市场经济打破了行业经济的界限，这要求高校培养出来的学生要基础厚、知识宽、专业新、素质好、能力强，因此高校的整体育人理念也要随着时代的发展而变化。应该改变长期以来以专业为中心，以行业为标准的片面教育，克服教育单纯的"功利主义"思想和"职业至上"思想。高校必须加强通识教育，在教学内容上，要立足于培养复合型人才。

2. 创新教育

我国大学培养出来的创新能力拔尖的人才不多，人才培养上的平均主义、平而不尖的状况影响了我国科学技术和经济的发展。这就要求高校要能够改变计划经济时期遗留下来的育人观念，改变"大锅饭""平均主义"，开展通识教育，促进尖子生冒尖。在这种观点影响下，高校的育人观念就需要与时俱进，打破统一的教学模式、计划，以人为本，从学生出发，开展通识教育，激励他们成才成人，促使他们成为符合新时代社会要求的青年。

3. 充实教育

要强化大学生的教育教学问题，针对如今高校学生普遍存在的"松、散、懒"现象，其明确指出"大学生的成长成才不是轻轻松松、玩玩游戏就能实现的""对大学生要合理增负""高校要严把出口关，改变学生轻轻松松就能毕业的情况"等。对待此类现象提出了"充实教育"的理念。充实教育就是要充实教育内容、充实课余活动和充实精神生活，让学生从闲到忙，从松懈到紧张。

4. 因材施教

这是一条极为重要的教育原则，而在教学过程中实施因材施教的一个重要任务就是培养尖子生。高等学校在教学改革中必须重视对尖子学生的培养，对于出类拔萃的人才要采取一些特殊措施进行培养。学校要创造各种条件，鼓励有专长的学生充分发挥自己的特长。

高校需要改变观念积极培养尖子人才。而当下的社会环境，已经为教育的个性化和培养尖子人才创造了良好的条件，在市场经济和改革开放的大好形势下，高校可以理直气壮地重视个性教育，而且还应该更加努力地去培养拔尖人才。就像杨德广说过的，教育的目的不是为了消除不同和差异，而是为了发掘每个学生的专长和潜力。要通过教学改革，在课程设计上，为学生的发展提供更多的选择余地，让学生的个性得到充分发展。要根据实际情况来要求高校的发展道路，不可能要求所有的高校都肩负起培养创新型拔尖人才的重要使命，因此那些国内一流水平的高校更应该肩负起这个使命。

（二）教学制度灵活

20世纪80年代以来，我国在全球化高等教育改革的过程之中，以制度教育改革为基础，不断地促进我国高等教育制度改革，将选修制学分制专业设置相结合。

首先，在进入21世纪后，我国在高等教育改革的过程之中以促进高等教育质量的提升为核心，积极地通过专业建设以及发展来促进专业结构的优化升级，保障人才培养质量，充分的发挥具有一定特色以及优势较为明显的专业的作用，保证其能够在大学教育改革落实过程中发挥一定的作用和价值。

其次，我国教育部门的相关管理人员也曾在 20 世纪 70 年代的全国科学大会中提出，一些综合实力较强的高等学校要积极地落实学分制，重点大学也开始以该制度为基础，不断地促进自身综合实力的提升，保障教学模式的灵活性。

再次，选修制的落实也能够积极的推动高等教育教学改革，学生能够在该制度的引导之下结合自身的实际需求选择相应的课程，让学生能够拥有更多的主动性和积极性，充分地发挥学生的学习积极性，保障现有的教学模式能够符合科技、文化以及经济发展的需求。

高校教学体制改革还将选修课作为专业辅助性的课程，为学生提供了大量的可选择的课程进行挑选，学生可根据自己的兴趣选择专业课以外的课程进行学习。有的大学生在学习了一段时间专业课之后，发现自己并不喜欢自己所选的专业，因此可以在大二期间开设的选修课中，选择有兴趣的课程以便及时调整所学的专业，为今后的就业做准备，也可是进修第二学历来获得更多的知识储备。高校选修课是现代教育理念视角下的以人为本的重要体现，通过尊重学生的兴趣爱好，根据学生自身发展要求，使学生自己掌握自己的发展方向。这在当前高校教学中成为最受欢迎的组成部分。

（三）教学内容多样

在教学改革的过程之中，教学方法以及教学内容是改革的重点以及核心。随着改革开放的不断深入，我国高等教育内容出现了较大的变化。首先，许多教学内容开始与时代相结合，针对时代发展的实际需求，保障现有的教学内容能够真正地实现与时俱进。其次，教学内容还能够保障国际化水平的提升，针对高校教学体系以及课程结构的实际情况，积极地借鉴其他国家优秀的做法，保障教学改革能够适应国际时代发展的需求。

多年来，高校教学的主要内容已经形成了比较稳定的内容框架，我国针对高校大学生的学习兴趣和培养方向，以及国家人才培养的计划制定了相对完善的教学内容体系。教学内容是高校大学生获取知识的直接来源，是学生能够从高中学习顺利过渡到大学学习的重要环节，也是大学生与未来社会工作要求能否相适应的重要保障。但是在当今社会、政治变化速度加快的情况下，教学内容是否做到与时俱进，能够反映出高校教学理念是否先进。教学内容主要体现在教材更新及时度和教学内容来源两个方面。

首先，我国高校的教材更新速度落后于当前社会发展的人才培养需求变更速度。教学内容通过教材的来展示，大学生在学习中是否会对所学知识产生兴趣，主要的因素来源于教材内容是否能够吸引学生的学习兴趣。教材的内容质量决定着对大学生培养的准确性，目前我国高校的必修课教材基本上选用高等教育出版社、人民大学出版社的教材，在选修课程的教材选择上学校进行自主的选择，有的高校会选择本校教师编写的教材，有的高校偏重于名校出版社的教材。无论选择哪种教材，教材的出版更新是否及时是反映教材质量的重要标准之一。在当前大学生获取知识的途径已经从传统的书本到现代的互联网平台，学习的方式也多样化，高校的教材已经不是学生获取知识的唯一来源，因此，大学生对信息和知识的掌覆盖面可能多于或快于教材的内容和更新速度。但是现实的情况是，当前有许多的大学教师在选择教材的时候偏重于自己熟悉的教材，因为他们能够对教材的内容把握度较高，在同类专业中有的教师往往会选择同样的教材，并没有对学生的专业进行差异化的区分，导致教材并不具有针对性。

其次，目前高校教师对教学内容的来源上已经开始从单一的课本教材开始向教师感兴趣的内容素材搜集转变，有的教师能够根据自己的实践经验和与课程有关的敏感话题、社会热点进行具有针对性的整合，将这些知识作为教学内容传递给学生。尤其是在实践类课程中，对于教学内容的新颖性更加值得高校教师的关注，有的教师能够主动的寻找与课程相关的有趣的知识内容作为丰富教学课堂的主要知识来源，但是还是存在一部分教师墨守成规的选择一成不变的教学内容，导致相隔几届的学生所听到的教学案例都是一样的。对于一些本身就没有固定教材的课程，需要高校教师选择适合的、正确的教材作为讲课的内容，这就需要根据教师对学生的了解、对课程的了解，还有教师自身的学术造诣来进行教学内容的选择，这也给教师带来了极大的挑战。

（四）教学方法开放

从目前来看，许多学校在教育改革的过程之中以提高学生的研究能力以及创新能力为基础，不断的保障学生素质以及水平的提升，许多高校老师在积极探索的过程之中开始结合各高校建设的实际情况推出了一系列质量较好的教学方法，其中主要包括情境教学法、学术沙龙研讨会、案例教学法、发现式教学法，这些都在促进高校教育普及的过程中发挥着重要的作用以及价值。

在现代教育理念的高校教育改革下，我国高校的教学方法在操作层面上向着具有实践性的方向改进，由过去的面对面形式的授课模式向着互联网在线教育转变，由书本授课模式向实操性授课模式转变。传统的高校教学方法是填鸭式、灌输式的教学方法，大学生在校园生活中原本有许多的课外活动，在传统的教学方式下无法使他们集中精神投入到教学中来，而且在集中的大型课堂上，高校教师往往不能关注到每一个学生的学习状态，形成了教师自己在讲课，只有少数学生认真听课的状态。但是对着现代教育理念的普及，我国高校引进了现在的多媒体教育资源，利用互联网平台、多媒体仪器丰富课堂教学。我国通常可以看到如下的场景，教师在讲台上挥洒汗水，但是教室里的学生有的在看小说、有的在玩手机、有的在聊天、有的在睡觉，这样既影响教学的气氛，也说明了教师的教学方式有待改进。而在一些利用多媒体资源进行教课的课堂中，我们可看到，学生在安静的教室中，认真的倾听多媒体软件播放的视频教学资料，能够真正地吸引学生的兴趣。在英语教学中，目前在线教育被多用在语音课堂中，学生能够通过在线互动的方式及时地提问、交流，教师给予及时的回答。可以说，高校教学改革中对教学方法改革的效果是颇具成果的。

高校课堂气氛是教学方式是否使用得当的重要检测标准，我国的应试教育体制下导致了许多的大学课堂中会出现学生一味地记笔记，老师将教学内容通过幻灯片的方式展示出来，作为考试复习的重点资料，这样的情况使学习变得枯燥无味，无法实现对学生综合素质的培养。在高校教学改革中，通过对学生进行创新性的人才培养计划，将高校课堂向外进行延展，不拘泥于书本，教师和学生开始了讨论式的学习模式，让学生在学习中发散思维和开放思路，及时向教师反馈对知识的独立想法，同时教师也能够用启发式的教学方式来唤起学生自身的学习兴趣，给高校学生更多的独立思考空间。在讨论式和启发式的教学方式下，高校课堂学术气氛变得浓重，大学生开始认为学习是一件很有趣的事情，大学生在课堂上玩手机、睡觉的情况在减少。高校教师如果能够经常地开展研讨性课题，带动学生一起参与到课堂讨论中，将有助于学生自发自主地进行该门课程的学习。

第二节 高校课程管理创新发展的现状分析

一、高校教师的课程理论培训

课程建设是高校发展的重要一环，要想跟上课程发展的脚步，高校教师的课程理论培训就显得必不可少。高校的管理阶层应充分认识到课程管理的重要性，对高校教师做深入细致的动员宣传工作，使他们充分认识到课程管理的重要性，充分调动高校教师参与课程管理的积极性和主动性，增强他们课程管理的意识。

当前，针对高校教师课程理论普遍匮乏的状况，高校管理阶层必须引起高度的重视，不仅应增强对高校教师培训管理的参与度，而且还应为课程理论培训提供必要的智力支持和物质保障。在培训形式上，高校可利用本校和外部的教师资源，通过讲座、研讨、短期培训、专题研究等形式为广大教师开展有关课程理论知识的培训和学习，让高校教师掌握诸如课程目标、课程内容、课程评价、课程实施等一些基本的课程原理和知识，为课程建设提供必要的理论支持，以提高课程管理的质量。课程理论培训的开展既可全校统筹安排，也可各院系分开进行。

二、课程管理中宏观与微观相结合

在现今的高校课程管理中，很容易出现课程管理阶层与课程执行阶层的脱节，也就是宏观管理与微观管理的脱离。管理阶层一些决议的产生往往是管理阶层单独研讨后的结果，没能很好地反映广大基层教师的声音，更不可能反映广大学生的需要。这就需要高校的管理层在实际的工作中，想办法促使教师、学生与高校管理阶层的接轨，促进宏观管理与微观管理的有机结合。只有这样，才能充分调动广大师生的积极性，使得高校管理阶层更加有针对性地改进课程管理的相关措施。在日常的课程讨论会上，不仅要增加教师和学生参与的机会，还要给予他们一定的话语权，最重要的是要赋予广大师生在课程相关问题上有一定的表决权力。西方现代大学制度一个非常重要的特征就是教授治校，教授与学生在高校事务中具有充分的参与度和自由度。虽然国情不同，但提高师生在课程管理方面的参与度，必定能够极大地促进高校的民主化进程，同时还可以促使课程建设朝着正确的方向稳步推进。

三、课程管理制度的协调发展

课程管理协调制度首先要处理好的要素矛盾关系是大学知识与学生学时的关系。众所周知，现代大学知识兼具备有限性与无限性。对于海量的知识而言，其是无限的，而且知识具备自我更新的限制，随着时间的推移，新的知识取代旧的知识，对于知识本身的边际来说是无限的，它随着人类的发展而不断扩充自己的边界。可是对于学校教育而言，它又是有限的。一个学生不可能在高校中学会人类所有的知识，教师也不可能教授，其只能在其学科领域内有一定的知识储备与积累。与此同时，学时也具备其有限性和无限性。如果对于一个学生在大学的四年来说，他的学习时间是有限的，有课时、日学时、周学时、学年等有限的计量方法，可是如果把这个学时概念投入到学生的人生的长度解释，他的学习又是无限的。所谓"吾生有涯，而学无涯"。在提倡终身教育的今天，活到老学到老，可学习时间是终其一生的。大学的课程管理制度就是需要协调好这对要素的矛盾关系。对于学生的终身学习而言，应该妥善处理好学时的无限性与知识的有限性矛盾，即终其一生，以终身教育的方式学习。而对于学生在学校期间的学习过程而言，需要处理好知识的无限性与学时的有限性之间的关系，学时要合理精简，注意效率，使学生能在学时限度下完成自己基本目标层次知识的学习。

再者，课程的协调管理制度还需要处理好知识和社会需要这两个要素之间的矛盾。随着时代的发展，社会的进步，不仅是知识呈几何倍数增长，社会对新知识的需求也是与日俱增。大学从以往单一的教学职能扩展到教学与科研的双职能，在发展中又进而进步到教学、科研、社会服务三职能。社会对大学的智力支持需求与日俱增。与此同时，大学在社会对自身知识需求的与日俱增下也意识到自身的发展瓶颈，现代大学已经区别于传统大学了，即现代大学再无法像传统大学一样在有限的学科知识背景下满足社会的大多数需求，现代大学的知识储备已经从单一走向多元，知识在时间维度上是不断创新和发展的，任何人和学校都不可能在一生短暂的时间内掌握住每一项知识。对于大学教育而言，超出自身承载范围的知识与外部几何倍数增长的社会需求成为它不得不面对的重要问题。量力而为是现代大学采用的普遍办法，原有的以不变应万变的方式已经无法适应今天社会对大学的游戏规则。很显然，一所大学无法满足社会的无限需求，它只能依托于自身学科优势背景，在有限程度上满足一定的社会需求。

最后，课程的管理制度还需要协调好知识与学生发展这对要素之间的关系。大学的知识是有限与无限相统一的。对于学生个体或是学生群体而言，他在学校的学习中受限于学时，所能习得的知识是有限的。可是对于学生的长远发展来看，学生的学习又是终身的，学校习得的知识对未来学生的发展是长远性的，它并不只是着急解决学生眼前面临的技能需求和工作需要。可以说学生的未来发展与学生在大学里学习的知识是辩证统一的，一方面学生通过在大学有限时间内的学习而满足自身短期发展的需要，另一方面大学学习知识的无限性又敦促学生在未来的人生道路上保持终身学习的习惯，这些都建立大学的知识基础之上，大学有必要处理好知识与学生发展之间的关系。

对于大学课程的管理制度，如何处理好诸对要素之间的矛盾是至关重要的。知识与学生发展、与学时以及社会需要这几对要素是重中之重，好的课程管理制度并不只是局限在其办学定位，它更大的意义在于能迎合时代特征并根据所处时代环境做出最及时的调整。从大学的发展中我们就可以看到这些端倪。19世纪及以前的大学倾向的是培养百科全书式的人才，采取的是一种通才教育，即通过让学生学习和掌握大部分知识，成为一个有宽广知识面的人，从而适应就业市场的变化与要求。在这一时期，针对课程管理的教育制度相对比较宽松，特别是面对知识与社会需要、学生发展和学时的关系上。可是进入20世纪以来，知识的增长是呈几何状态的，几对要素间有限性与无形性的矛盾已经成为大学无法回避的问题。之前的大学以课程为载体，以知识领域、学习年限、教师等作为学生在学校中接收教育质量的依据。学生可以通过很多途径可以毕业。例如，学生在校期间通过休息完成全部领域知识学习并且通过考核，或者，学生通过听课的方式接受了老师讲授的全部课程并达到课业考核要求，又或者，学生以全日制的形式在大学持续学习若干年，通过考核毕业。可以看出，这些方式虽然已经不符合现代大学的要求，可是它们是每个不同时代，教育管理制度对时代变迁所做出的适应。课程管理制度既要符合大学的价值观、定位，同时也要适应时代要求，处理好有限性与无限性之间的矛盾。

四、课程评价制度的完善

完善课程评价体制，提高课程编制质量，首要任务就是要完善对课程编制质量的评价。高校应当建立相应的管理与评价制度，如课程评价制度、课程审议制度、教学管理条例、激励制度等，管理阶层、教师和学生必须明确各自在学校管理中的责任与权力。同时，高校也可以成立由社会人员、相关专家、学者、教师代表和学生代表等组成的学校课程评审委员会。由委员会具体负责制定相应的评价与管理制度，检查和督促高校课程开发的执行情况，对课程编写的质量做出客观公正的评定，并对学校课程管理中的重要事项做出集体决定。只有这样，才能确保高校课程编制的质量。

大学课程评价的第三方评价，其实质是独立于政府和学校的社会组织和机构对大学课程教学质量进行评价。我国发表的 2010—2020 年《国家中长期人才发展规划纲要》中明确提出了提高质量是我国教育改革发展的核心任务。各高校需要开展由政府、学校及社会多方参与的教育质量评价制度。传统"行政本位"下由教育部门内部实施的课程评价已经不合时宜，其存在的"主体单一""理论单一""指标单一"等问题甚至已经积累诸多弊病，严重影响了中国高等教育的改革与发展。以第三方教育评价结构的制度建立能够有效打破原有政府垄断下的课程评价体制机制，重新激发高校办学活力，真正做到课程评价的以评促建功能。第三方的评估具有公正、可观，信息反映灵敏等特点，更有助于课程评价在多元主体下的良性发展，有利于高等教育与社会的进一步沟通。

课程评价手段从单调向多元现代转换是基于课程多样性而演化的。它遵循的逻辑是高等教育课程教学依据不同的特点而有不同认知，因教师的不同特点而生成不同教学模式。在不同教学模式下根据教学风格、对象的不同延伸出不同教学方法，从"因材施教"的角度考量课程评价。课程评价的多元现代化关注的点并不是评价方法多了，采用现代形式就够了。它的核心诉求还是课程资本教育性的人文关怀和课程资本资产经营性的效益效率。不同的课程评价指标体系关注的课程发展点不同。在学术上看，课程在专业、学科的概念下，不同流派具有不同特点，学科本身具备发展趋势，教师的课程需要在表明自身观点的同时引导学生自觉探索课程的不同流派观点。在课程民主方面看，课程评价指标体系是否以学生为中心。课堂的指标体系可以更多关注师生互动、学生尊重、和谐包容的课程生态、启发性重于传教性等。在学生学习的方面看，重点应该关注学生的自学多过被动学习，即学生主要通过课程教学培养自己自学能力、具备独立思考的能力。在创新方面，只有教师的独立创造性教学才更能感染学生的自主独立创新。从不同课程评价指标体系则可以关注到课程评价的不同面，采取可行性评价方法就需要多元且现代。定性与定量方法，自评与他评，形成性评价、诊断性评价、总结性评价等方法需要结合使用。课程指标体系的丰富复杂决定了课程评价方式既要多元多样又要注重效率，只有充分发挥多种评价方式的优势，形成互补效应，才能在最大程度上保障课程评价结果的客观、公正、有效。

五、多方力量参与高校课程管理

我国《高校教育法》规定，大学内部的管理体制和组织制度实行的是党委领导下的校长负责制。具体到课程管理方面，参与课程管理的主体是院系的主要领导和相关教育管理部门的人员。近年来，随着高校教育开放性的增强，部分教授、专家也开始参与进来，但是，其他外界人员参与较少。如果学校的课程设置不能跟上社会发展的节奏，那么高校所培养的人才迟早会被社会淘汰。高校如果想增加其开放性，增强对社会的适应性，就应该与社会之间多发生接触。如果社会上的一些企业、学术团体等能参与到学校的课程管理中来，为课程设置提供一些好的建议，对课程的实施进行全方位的监督，那么必定会对高校课程管理质量的提高起到极大的促进作用。

第三节　高校学生管理创新发展的现状分析

一、树立以人为本的理念

高等学校的管理应该充分贯彻落实以学生为本的管理理念，将所有的事情都围绕学生来展开管理，重点关注学生对管理工作的满意程度。在管理工作中应结合学生的特点、兴趣爱好及家庭情况等因素在管理方面采取因人而异的管理模式，充分考虑学生的性格特点及思想观念问题，对高校学生进行有针对性的个性化管理模式。

熟悉"00后"大学生的特点，网络化、信息化，个性化、追求务实、爱享受，喜欢美食，女孩追求时髦等。有些同学不愿意正面教育，要注意引导、注意方法、注意方式、注意说话的态度、不能简单粗暴、要以德服人、以理服人以情感人、要学会运用心理学疏导学生，不能强压灌输式教育。该强化的时候必须强化，该弱化的时候要适当弱化，要注意强化和弱化的正确使用，不能乱用，否则会产生不良的后果。

二、完善的管理制度

高校的学生管理规章制度比较杂乱无秩序，不能有效地管理学生日常生活，学生工作干部数量明显满足不了学生的需求。因此建立一套完整有序的管理规章制度是首要任务，完善的管理制度能够约束、引导学生的行为，使学生在自我管理方面得到提升。国家及省级教育行政部门建立好完善的配套学生管理制度加之学校建立学生与教职工的配套管理规章制度，两者的结合才能成为完善健全的高校学生管理制度，因此就目前高校的普遍现象来看高校应该尽快建立健全管理制度以便有效地管理学校。

三、发挥学生能动性

一般高校学生都处于从属和被动的位置被直接领导和辅导员监管着，这种情况下导致学生的管理工作不到位，在直接领导和辅导员之间管理处于比较严重的对立模式。这一模式并不适用于学生监管问题，因此学生管理方面应该实施以"学生工作处"指导为主，辅导员为辅的以学生自治为中心的学生管理模式，这种模式下可以提高学生的自我管理，加强自身的约束力及管制能力，在学习的同时既能学习到知识也能增强自我锻炼，主观意识和责任感也随之加强。

现在的大学生很有想法，也很有见解，容易接受新思想、新观念。要给他们锻炼机会、发挥大学生的积极主观能动性，采取他们熟悉的方式接受教育，这样效果会更好。发挥学长学姐的引导作用，锻炼班委，形成较强的班级凝聚力，真正达到发挥学生能动性的目的和效果。

四、加强思想政治教育方法多样化

现在的学生基本上都是"00后"。"90后"已经走上社会，参加工作，"80后"都工作十几年了，甚至都成了社会上的主力军。管理学生不能再用原来的方法思路，要走进学生，接近学生，熟悉学生，了解学生，了解"00后"的共性和个性。思想政治教育是长期工作，是"随风潜入夜，润物细无声"，不能一蹴而就，而要靠全体教育工作者共同完成。把思想政治教育贯穿始终，进课堂，进头脑，要做扎实，要让学生接受，采取一种学生熟悉，能接受的方式，多样化、灵活化、简单化、明了化，不要太复杂。要让辅导员真正发挥他们的作用，发挥思想政治教育作用，要从事物型工作中解放出来，不要被一些事务型工作绑架。

（一）抓小放大和抓大放小相互结合

抓住主要的矛盾，该放手必须放手，放心让学生干部去做。大小事情自己要清楚，什么事该交给班委去做，什么事不该交给班委去做。生活中的小事情，要学会观察、了解。该抓的去抓，该放手的放手，让学生去做，不越俎代庖，要相信学生。现代大学生甚至在某方面做得特别好，而教师只要引导就可以了。

（二）批评也要有温度

学生在成长的过程一定会犯错误，要会用正确的方式去批评。不恰当的批评，会引起矛盾的冲突或者激化，甚至会恶化。有些大学生情绪化也较严重，教师在对待这类学生时要讲究方法，解决矛盾，尤其是偏激的学生。著名教育家陶行知"三块糖"的故事，值得每个教育工作者的学习和研究。教育学生是一门艺术，不是简单粗暴，不是发泄情绪，更不能一蹴而就。教育学生急不得，要慢慢来。一位羽毛球教练总结出"少抱怨、多鼓励；少批评，多总结"的经验就很好，但是现实中有很多人恰恰相反，把一些不该发生的悲剧重演，就是因为缺乏站在对方角度考虑问题的视角，所以说批评要有温度。

（三）深入学生、了解学生

提出结合学生的一些实际问题，让学生参加自我的管理，领会到学生管理的重要性。接受这种教育模式，不能只在表面下功夫，要结合学生的实际情况、家庭情况，深入学生，走进学生。了解学生的个性和共性，有针对性地召开主题班会、感恩教育、爱国教育，组织"不忘初心，牢记使命"活动，召开大学生人文教育、大学生爱情观教育，正确引导大学生健康成长。而不是一味地反对"谈恋爱"，要正确引导，鼓励学生把更多的精力投入到学习中去。要加强大学生的人生观、价值观、世界观教育，要客观、公正、全面、辩证地看问题，用历史的观点去看待一些问题，不盲目跟随，也不要人云亦云，要有自己的见解。要站在学生的角度去思考一些问题，不要强制灌输，要循序渐进，要注意方式方法。不要简单粗暴，要有温度，也要有力度，让他们爱国、爱校、爱家、尊敬长辈、尊老爱幼，发扬中华传统美德，理性抵制外来文化的糟粕，取其精华、去其糟粕，而不是盲目"拿来"，加强文化自信。

（四）发挥榜样的力量

发挥各种奖学金获得者，党员先锋队的带头作用。高年级学长带动学弟学妹，发挥大学生的主观能动性。社团实践、企业实习、培训机构合作、假期实习、发挥校企合作，发挥榜样作用，达到学生管理创新发展的效果。

网络化的时代，开放的世界。要学生理解中国自信、中国元素，了解中国在世界上取得了辉煌成就，同时承认到我们还有差距。必须要有使命感、责任感、担当精神，去为明天而奋斗。这样，学生管理创新发展才能开展得有声有色，发挥到实处。

第四节　高校教师管理创新发展的现状分析

一、教师主体管理现状

（一）政府管理为主

这属于比较低级的管理机制，通常出现在一些办学水平落后的地方高校中。在这种管理体制中，政府的行政性规章制度支配着高校日常的教师管理，而高校的本身缺乏自主性的管理模式。在许多方面，如教师的素质、背景、能力等，管理者不可避免地要与被管理者是脱节的。根据人力资源管理原理可以知道，管理信息链的断落会导致管理的失效性。虽然以政府为主的管理体制是具有较强的约束力的，但是这种约束力仅仅是建立在表面的现状上，而不是依赖于实际的现实，所以会导致教师管理失误现象的产生。再者，由于高校缺乏管理的自主性，长久以往，也会导致其教育管理能力的下降，会导致教育管理主观性的丧失。总之，在以效率为判断标准的管理体制中，这种管理体制是缺乏合理性的。

（二）高校管理为主

在我国这是一种比较常见的，也是被一般高校认可的管理模式。高校与教师两个主体之间没有中间体，两者之间的管理渠道具有直接性，信息沟通也具有即时性，所以高校管理体制能够根据实际的情况制定相应的教师管理机制。由于了解了教师相应的需求、发展的深度和广度，所以这种体制还是容易被广大教师接受的。但是这种体制不是游离于国家管理范围之外的，它也必须接受政府的监督和建议，以便更好地规范高校管理体制的运行。有时，政府的相关政策法令也会起到微调的作用，从而避免了不切实际的管理体制的负面作用。总之，在具有教师管理者和管理体制的直接制定者，它具有较多的合理的成分。

（三）教师为主

能够体现教师的主体性，是这种管理体制最大的特点，也是教师管理体制的最优化的表现。在一些民办高校中，它是以董事会的形式出现的，只不过其作用没有充分发挥而已。由于学校的日常管理都是基于教师的意愿进行的，所以能够获得教师的支持，从而广泛地高效地开展高校管理工作。从教师本身的角度来看，也调动了教师的积极性，参与到不能靠仅有的管理者就能将学校良性运行的轨道上，也便于形成全民参与的民主氛围。从管理者的角度来看，也可以避免一些管理"死角"的出现，从而起到推动教育更好发展的作用。但是，这种体制中可能导致"各自为阵"情况的出现，可能导致"众口难调"矛盾的出现。总之，作为一种高级的管理模式，它的优点还是多于缺点的，缺点也是可以克服的。

通过上面三种教师管理体制的分析，我们可以发现，要想在高校中取得管理的高效率，教师在管理体系中角色定位必须恰当，教师的主体意识不能被管理者忽视。毕竟，教师是构成高校教师管理体制的主体，倘若过分强调"管"的因素而忽略了"参管"和"被管"的因素，那么就很有可能使整个管理体制受到一定的斥力作用，而不能发挥最大化的功效。

二、教师聘用管理现状

教师聘用管理涉及教师地位的问题，也影响到教育事业发展的根基。它是否稳定是与教师的发展和教育的进步是息息相关的。

（一）教师终身聘用制

在这种聘用体制运行下的教师的特点主要是缺乏事业忧患意识，能够很好地安心于教育教学工作。从表面上看，这两个特点是相辅相成的，也是互相促进的。但是，在竞争意识强烈的当代社会，高校并不是世外桃源可以逃避竞争意识的冲击。从宏观角度来看，学校也是一个微型的社会，也具有人类社会具备一些特性，如竞争性和等级性。假设高校教育是一个长期处于静止状态的实体，那么它的发展从何谈起？那么它的发展动力从何谈起？至于说教师终身聘用制能够使教师安身于本职工作，这在某种程度上是正确的，但是它也同时抑制了教师的自我发展的动力。一个缺乏发展和更新的教师团队，教育的质量是得不到保证的，这就与大学教育的"大"的本质是背道而驰的，也不符合现实的社会发展的要求。所以说，这种体制的存在不应该是针对所有的教师团体，而应该有选择地对那些有学问的学者、专家或教授施行，能够很好地保障他们的发展动力。

（二）教师合同聘用制

对于教师的聘用采取教师素质是否合格与教师职业是否聘用相结合的用人

体制是这种体制的优点，这种能力与工作挂钩具有一定的先进性，也体现了相对公平的社会分配原则。从教师的素质方面来看，它能够促进教师不断地提高业务能力，从而推动整体教育事业的进步。再者，就是处于这种用人制度下的教师群体能够得到充分的发展，如管理能力、教育能力等。一旦教师获得了相关的发展，他也就没有必要去担心套在其身上的用人制度的束缚，而可以到更加广阔的用人空间去施展才华。这对促进我国高校教育的整体水平是具有相当大的作用的。不过，教师合同聘用制也在一定程度上限制了教师的自主性，尤其是磨灭了一些具有个人教学特色的内容。众所周知，特色的形成不是一朝一夕的事情。如果教师的工作对象或场所具有随意性，这也不利于教师的进一步的发展。所以说，这种聘用制度犹如一把双刃剑，需要将相应的措施与之配套，才能发挥其好的作用。

从以上两种聘用制度来看，它们都不应该单独地成为高校的用人方式，两者应该是互为补充的和并存的。对于那些在"合同聘用制"下能够体现较好能力的教师，应该将其转化为终身聘用制，以为其更好地发展提供保障，也就能保证教育质量的稳步提高。对于那些"终身聘用制"下的不合格的教师，改变其用人制度，促进其发展。这样，两者的结合就起了很好的动态管理效应。

三、教师保障管理现状

教师保障管理是与教师的经济利益相关的一些体制和措施，主要反映在工资、福利等待遇上。目前的高校保障管理也随着其他方面的改革，呈现出多样性。

（一）包干制

通常是针对一些有贡献的教师或领导成员，他们的工资与福利待遇相对高，如医疗费用等，用多少报销多少，有多少报销多少；如补贴不与实际的工作业绩挂钩，而是与职位和贡献衔接；又如工资也不以工作量为基础。这种制度刺激了一些高层次的高校成员的工作努力程度。但是它也具有一定的随意性和放任性，时间长了，可能会助长一些不正之风。

（二）定额制

定额制是指一些教师的工资与福利待遇是固定的，限制在一定范围内，不受实际情况的变化而变化，不具备伸缩性，这就容易滋长"干多干少一个样，干与不干一个样"的惰性工作氛围。在某种程度上带有不公平性的这种制度也抑制了教师努力工作的程度。再说，一些与实际情况出入较大的经济上的定额也会给教师造成生活上的影响，从而牵涉到工作的质量。

（三）缺额制

这主要是适用于一些进行人事关系代理的教师，这种非人性化的保障制度实际上是缺乏合理性的，也给教师造成了心理上的极度不平衡。虽然得不到教师的认同，但是为了生存，教师也不得不认同。对一个经济性的社会人来说，基本的生存保障是必须具备的，但是管理者——高校管理的力度，使其具有了强迫性，这也就会导致教师惰性的长期存在。

从上面的三种保障制度看来，各自都有缺点和优点，应该采取相互融合和公生的手段。克服彼此的缺点，发扬相互的优点，从而起到促进教师发展的源动力作用，而不是片面地实行单一的保障制度，否则所谓的教育教学质量的提高也只是流于形式而已。

目前，我国的社会正处于经济转型期，许多领域正在进行追求效益最大化的人事改革。在这样的社会背景之下，针对高校教师管理的改革也处于一个新旧交替的转折点上。为了摆脱传统管理体制的局限性的束缚，促进高校教育质量的提高，也为了激励高校教师的自我发展，我国的一些高校已经在 20 世纪90 年代开始了以先进的管理理念为基准的改革措施，但是有一些缺乏竞争意识的高校的管理水平还是停留在相对不发达的水平。所以说，我国高校教师管理的现状也是处于一个混沌期。通过对教师主体管理、教师聘用管理、教师保障管理三个方面概括和分析，我们可以发现中国的高校教师的管理有必要采取适当的策略将多方面的因素中和，然后通过实践寻找最佳的平衡点，以期实现高标、高效、高能的教师先进层次，这样才能体现高校管理的协调性。一旦在高校教师管理体制中缺少有效的管理体制，如约束机制、激励机制、发展机制，那么教师的发展就无法保证，更谈不上高校教育的发展。所以，高校教师的管理必须以教师为本，与实际结合，然后再配套具有实效的管理方法，才有可能实现高校教育的可持续性发展，才有可能实现高校教育的创新和谐发展。

第五节　高校行政管理创新发展的现状分析

一、行政管理体制和观念存在弊端

当前，我国的高校行政管理模式上出现了相当程度的弊端。其主要表现为，机关的设置经常出现重叠现象，因此造成了有关部门的职能有所重复交叉。从而导致了在行政部门中，人浮于事的现象普遍存在，行政人员的办事效率低下，以形而上学的观念对待工作，因此相关信息出现阻滞，失去了及时性。高校行政管理的改革应该从制度上入手，即采用岗位责任制。换言之，则是通过学习现代企业在经营管理上的思路，参照其经营管理的体制，并根据自身的实际情况来制定一系列措施，而不应在抱着原有机关的管理模式不放。

二、行政执行能力较弱

在行政管理的这一过程中，行政的执行是其中必不可少的环节之一，起着十分重要的作用。而且也是最为重要的行政活动，其主要体现在目标的管理和决策的实施等方面。行政执行作为一项重要的行政管理活动，它的目标导向具有明确性，需要反复地经历一系列的劳动过程，并在执行的过程中需要时刻贯彻行政意志，在时间上也具有较多的要求和限制。而这些性质都是其自身的特性所决定的，如行政执行具有较强的目标性、经常性、务实性、强制性和时效性等多种特点。也正因如此，行政执行被视为实现行政管理目标的重要手段，同时也是高校行政管理在实施中的出发点。如果在行政上缺乏强有力的执行力，那么即使决策再正确再合理，所谓的改革也无从谈起。由此可见，要想在行政管理中提高决策的执行力，其关键在于对行政执行要有着充分的认识和理解。如此才能正确合理地对其进行利用，从而达到高校教学与行政管理的目标。

三、行政管理决策机制单一

集体智慧和客观实际往往是正确决策的重要来源，其中集体智慧本身在民主与科学精神的健康发展上起着推动的作用。集体智慧主要体现在重大问题的决策上，只有在会前进行深入的调研，会中开展广泛的求证，会后进行必要的执行追踪并监督指导，才能真正做到科学地进行行政管理。然而，有相当一部分的高校存在着决策多、执行少；开会多、落实少；布置多、检查执行指导少等本末倒置的现象。因此，高校必须在决策机制上进行重建和完善，才能从根本上杜绝这种不良状况的发生。改革决策机制，则应将集体智慧贯穿于整个会议。首先，在会前应将会议的决策提纲事先发到每个与会人员的手上，让其对决策能够有足够的酝酿考虑和充分的讨论。其次，在整个会议过程中都要贯彻实行决策民主，做到人人平等，让每个与会者都能广开言路，平等、充分地表达自己的意见。再者，对于会议中出现的不同声音和意见，要善于听取并吸收合理的意见，以宽宏大量的态度来进行正确的处理。

总之，在高校行政管理上，对其施行行政管理现代化，并不仅仅是对以往的管理模式在形式上的简单改变，而是为了能够更好地达到"行政管理存在的目的"，实现行政管理存在的真正意义，即能够更好地承担起为师生服务这一使命，进而达到发展科研学术、培养合格人才的最终目标。高校行政管理部门应该在开放型机构发展的基础上，在发展方向上遵循民主化、科学化、现代化的原则，深入地开展改革与创新的工作，从而在根本上提升高校的行政管理，最终促进我国教育事业的发展。

第三章　现代高校教育理念的创新发展

信息化时代的到来不仅促进了信息的更新换代，同时也提高了对社会人才的要求，在现代教育理念的指引下，要不断创新现代高校教育理念的思想内涵，增强高校教育教学内涵提升，全面促进高校发展。本章分为现代教育理念的概念与思想内涵，现代教育理念下的高校教学观、教师观和学生观，现代高校教育理念创新发展的策略三个部分，主要包括现代教育理念的概念，以人为本、"以德为先"等现代教育理念的思想内涵，提升高校教学水平、深化高校教育改革、保障高校教育质量等现代高校教育理念创新发展的策略等。

第一节　现代教育理念的概念与思想内涵

一、现代教育理念的概念

在教育发展的过程之中，教学理念以原有的教学规律和原理为核心，当代教育家在教学思想研究的过程之中，以现代的基本素质教育为基础，针对社会未来人才发展的实际需求，加强教育理念与人才需求之间的相关性，保障现有的教学模式能够更好地促进教学体制的改革，其实还有一部分学者提出现代教育理念以及未来教育发展为核心的突破，促进整体教学水平的提升。

现代教育理念主要包括两个方面：从理论层面上来看，现代教育理念主要侧重于对现有的传统教学模式的革新和创造，突破传统的经验导向教学模式，在内容上则更加注重系统教学理念的分析，保障教学内容的针对性以及创新性知识的提高学生的批判精神，开拓精神以及冒险精神；从操作层面上来看，现代教育理念更加注重教学实践活动的落实，保障教学活动的持续性以及包容性。

二、现代教育理念的思想内涵

(一)以人为本的理念

"以人为本"强调对学生主动性、创造性的培养,强调重视两个方面的问题第一方面是要重视学生主体的多样性和复杂性,充分认识他们在不同时期的不同需求;第二方面是要突出学生的成长性原则,设置帮助和督促制度来促进学生主体的发展。厘清这两点有助于提高现代高校教育教学的有效性和针对性,但切实执行起来还要从如下两个途径着手。

第一,改变传统上仅以上级政策为导向的不良做法,加强对学生群体的调查研究,了解学生行为背后的深层次原因,进而对其发展趋势进行预测,减少教育过程中的盲目性。在这里需要着重指出的是,在"互联网+"时代,大数据是高校教育工作中必不可少的工具,有必要构建学生信息的动态数据库,形成及时、全面的学生信息大数据。在此基础上,根据高校教育主体不同的职能实施分类负责制。每学期确定教育主题的调查内容,并认真组织调查设计、实施和结果分析,将调查结果在不同主体之间共享。

第二,整合高校教育的内容,突破由于"碎片化"带来的不利影响,形成学生健康的成才意识。当前,影响学生的社会环境变化快速,互联网的正负向作用各有体现,不同的文化思想在学生群体之间相互激荡,同时就业市场的波动给学生造成了巨大心理压力。高校教育教学中对此应有所侧重,不能将学生培养与就业甚至是学生毕业后作为"校友"的身份进行人为地割裂,而应在捉摸不定的现实社会环境中,采取积极的措施保护学生的正当利益,增强其主人翁的责任感以及作为学校中人的归属感。在这一点上,以美国高校的教育理念和做法最为突出,诸多一流大学的有效实践为我国高校的教育探索提供了可供借鉴的蓝本。

(二)"以德为先"的理念

随着国家的发展,社会物质得到极大的丰富,同时带来了人类精神的提升。社会文明程度的提高必然要求青年人提高自身的道德修养,从追求生存价值的功利主义升华到追求发展的更高境界。因此,高校教育教学管理的核心思想也要随之出现变迁,不仅从知识的传授着手,也要以造就德才兼备的人为落脚点。"以德为先"的理念要求参与教育的主体注重自身的道德修养——以身作则、修己治人,在"润物细无声"之中发挥高校教育的强大威力。不仅如此,"以德为先"更是我国传统优秀文化观在现代社会中的再现，它力倡将教育的过程贯穿于个体日常生活之中，并通过"言传身教"得到具体落实。正如孔子所说，从事教育的人应先垂范，因为"其身正，不令而行。其身不正，虽令不从"。换言之，"以德为先"的理念要求高校的所有参与者在道德情感、道德认知、道德意志以及道德行为上有机整合，以自身的榜样作用实现促进学生知、情、意、行和谐发展的教育理念。

（三）"依法治学"的理念

"依法治学"已经成为我国高校治理的主导模式，该理念是高校教育教学管理的新思路，包括"依法治教"和"学生法治教育"两个方面的内容。"依法治教"是指在法治框架下，正确处理校内外利益相关者之间的关系。"法治教育"是指学生进行法律法规、制度纪律等方面的教育。显然，这与十八大提出的"深入开展法制宣传教育，弘扬社会主义法治精神，树立社会主义法治理念，增强全社会学法尊法守法用法意识"的要求具有内在的一致性。"依法治学"理念在高校教育教学管理中的具体应用表现为：开展法治教育，使学生充分了解我国社会主义法律体系和教育制度，掌握法律赋予公民和学生的权利和义务，在此基础上承担起相应的社会责任；从意识和行动上将学生培养成遵纪守法的社会公民和组织成员，并在长期的实践中将强制性规范内化为自觉的道德习惯。

（四）"主体对话"的理念

"对话"是一个富含哲学理念和精神态度的概念，将其引入高校教育教学管理有助于突破传统模式下对学生主体的规训，构建全体成员之间平等的地位，从而实现理智与情感的互动和交融。"主体对话"理念祛除了灌输，要求各方形成理解性共识，在彼此信任的基础上采取行动，以获得认同和支持。这是针对传统的育人机制依赖行政命令的统治与控制的实际，改变处于组织底层的学生，以及处于外部环境中的家庭和社会几乎没有话语权的情况。语言是人类的特有属性，不仅促进人类智力发育，也促进着人类情感的沟通，更推动共同体的形成。只有充分利用对话来澄清不同主体的价值观，才能够引起思想、行为以及情感等多方面的碰撞和共鸣。现代社会的组织日趋扁平化，高校亦概莫能外，因此，教育教学管理应追求实现一种"对话"的模式以回应高校教育大众化后高校内外部主体多元化的特点，体现系统中的主体性。

（五）"和谐生态"理念

实现高校现代教育内涵式发展，还需要建立高校教育生态系统，高等教育是一个新型且有机的生态系统，是高校教育现代化实践的里程碑。和谐共生才是高校教育得以发展的路径，也是高校教育自身的文化属性。因此需要我们做到以下几点：第一，推动高校教育全领域多元化和谐发展，维持高校教育内在的生态平衡；第二，用生态文明观指导高校教育发展，强调多学科融合交叉、共融共生，高校教育与人类社会有机融合、和谐发展；第三，建立协调一致的高校教育生态系统，用法律手段维护高校教育与社会发展的有机平衡，加强高校教育投入、科研、学习和产出的监控与维护，维持社会发展的生态平衡，才能实现高校教育的内涵式发展，从而全面提高高校教育质量。

三、现代教育理念的创新发展

信息化时代的到来不仅促进了信息的更新以及换代，同时也提高了对社会人才的要求，因此，在高校教育改革的过程中必须要注重管理体制的革新，将人才培养模式培养目标以及教学理念相结合，通过课程体系的革新以及教育质量的提升，保障现有的改革能够更好地符合时代发展的需求，其次在促进高校教育人才培养模式完善的过程之中，要以专业创新课程体系的建立为基础，不断地培养出高素质人才。

现代教育理念以促进个人的全面发展以及以人为本为基础，不断的保障教学模式的多样化开放型以及创造性，突破传统的教学模式，以原有的知识传授转变为能力培养。其次，还需要注重精英教育模式的革新，积极地落实大众教育模式，教育，以学生学习能力的提升为基础，保障学生能够获得终身学习的能力，培养学生独立思考的能力，从而保证学生能够在社会化的过程之中积极的解决以及分析各类问题。随着学习型智慧以及知识经济的到来，高校教育在改革的过程之中已经开始突破传统的职业教育模式，以学生的个性化需求以及全面发展为基础，建立健全现有的教学模式。

第二节　现代教育理念下的高校教学观、教师观和学生观

一、现代教育理念下的高校教学观

对于教学观的理解，不同学者站在不同的理论视角进行研究因此对其含义有不同解释。

①教师对教学的本质和过程的基本看法，这种看法不是与生俱来、一蹴而就的而是从实践的经验中逐步形成的。

②关于教学的看法和思想，是人们思维教学问题获得的结果。

③教师审议教学问题的理性结果，包括教师对教学问题的实际了解以及他们对教学的预期和结果选择。

④人们思考教学问题的产物，它包括人们对教学实际问题的理解和思考，也包括人们理想教学效果的追求和选择。

总之，教师的教学观是教师形成的对教学的基本认识和观点，这种认识一般萌发于教师学习教学的阶段中并形成于实际教学活动，最终也作用于实际教学。一旦形成教学观，就相当于构建了教师的教学思维框架，帮助教师理解教学问题，并做出自己的价值判断和行为选择，从而影响学生的学习。

对于在现代教育理念下的高校教师观包括教师和学生两个教学主体的权利和义务，高校教师要根据学生的个性特征、学习兴趣和学习意愿，为学生提供优质高效的教学服务；作为高校的大学生则具有选择专业知识、获取学习知识和选择教师的权利。在现代理论教育理念和教育实践的现代高校，要具有全面的教育理念，把握高校教育的整体性和方向性，为大学生的发展提供方向。

在现代教育理念下的现代教学观，是高校在教育操作层面的具体运用，也是实现现代高校教育理念的工具和手段。在高校教学实践中，要将现代教育理念与高校教学观紧密结合起来，教师要接受现代教育理念并接受相应的教育培训，将传统的教学思想转变为现代教学观，提高教师的教学水平。

（一）促进学生的全面和谐发展

学科教学作为教育的基本活动形式，其目标应全面体现教育的培养目标，

体现教育功能的前瞻性，体现学生的全面发展。学科教学的终极目标，不仅要使学生掌握一定的知识技能，而且要发展学生的智力和体力，与此同时，还要培养学生正确的世界观，形成健康的个性品质，即学科教学的最终目标是促进学生全面和谐的发展。教学的基本价值、基本作用和基本任务决定了教学的最终目标是促进学生全面和谐的发展。促进学生的全面和谐发展，既是现代教育理念下高校教学的终极目标，也是高校深化教学改革的目标。

（二）以学生为中心的教学观

高校教师的教学学术水平与以学生中心教学观的相关比较大。这意味着注重学生为中心的教学观，是当前我国大学教师的教学观正处于从教师中心向学生中心过渡阶段。学生中心的教学观是重视学生的学习和发展，鼓励学生建构自己的知识，并在他们的理解中发展知识。当代信息技术的发展使得学生能跨越时间与空间获取各种信息与知识，学生在学习过程中获得了很强的主动性和自由度，因此让学生学会学习，培养学生的批判思维显得至关重要。学生中心的教学观不仅能促进教师之间的合作，还有利于形成良好的师生关系，并且能提高教师的职业满意度。

以学生中心的教学观与教学探究、教学反思与实践、教学同行评议呈显著的正相关关系，并且大学教师对专业知识的掌握程度已经很高。首先教师要积极主动去探究教学，并有意识地将教学理论运用到教学中；其次教师应反思自己的教学观，然后确立有关知识、教学、学习和师生关系的合理观念。在此过程中，教师应在教学前反思自己的教学目的和备课过程，比如这节课的教学目的是什么？学生的知识基础如何？在教学中反思自己的教学内容和方法，比如如何使学科知识让学生更容易理解和掌握？使用什么教学策略能让学生主动建构知识？在课程结束之后反思自己的教学过程并做出自我评估，比如在课程中教师与学生是否经常互动？学生是否主动学习？我的教学是否能让学生的能力得到发展？反思之后，对不足之处加以改进，将教学经验运用到下一次教学中，通过不断反思和实践逐渐形成学生中心的教学观。最后，教师之间互相听课评课，学习其好的教学方法，思考其不足之处，结束之后互相学习与讨论，这种公开的学术活动不仅有助于提高教学的学术地位，更有利于提高教学质量。

（三）激发学生主动学习的热情

教师的教学观对学生的学习能产生影响，具体表现在持有以知识传递、教师为中心的教学观。班级中，学生倾向于采用浅层信息加工的学习方式，因而导致学习效果不佳，特别是在学生的技能方面表现更明显；而在持有以概念转变、学生为中心的教学观下，高校学生采用的是深层次的学习，对学生的理解能力和自我学习能力有显著的帮助，从而激发学生主动学习的热情。

二、现代教育理念下的高校教师观

观念是人们在实践活动中发展和形成的，任何一种观念都是由人们的经历、知识、能力、特定需要以及所处的社会环境等因素决定的。教师观就是教师的教育观念，是教师对教师职业的特点、责任、教师的角色以及科学履行职责所必须具备的基本素质等方面的认识，它直接影响着教师的直觉、判断，进而影响其教学行为，不同的教育理念会产生不同的教师观。教师的教育观念的形成与教师成长的文化背景、学习经历、教育实践以及工作环境和社会环境等因素有关。

（一）重视教学文化

教师自身的素质和能力是提升教师教学能力的重要前提。要提升教师的教学能力，应重视教学文化，教学文化是提升教师教学能力的关键因素。教学文化可以塑造教师的共同愿景和价值追求，从而形成一种崇尚教学的风气和动力，在潜移默化中影响教师的行为选择，唤起教师"传道、授业、解惑"的使命感，使教师自愿从事教学。然而当下的高校教学文化明显缺失，在大学众多研究中，教学文化一直处于缺位状态。从自组织的角度来看，重塑教学文化的核心在于教师要对教学的意义有共同的理解和对从事教学的自信。

首先，大学与教师要转变传统的学术观念，将教学学术理念融合进人才培养方案和教学设计中，营造尊重教学，重视教学学术的良好氛围。

其次，应改善高校教师的培训机制，对不同教师阶段的教师采取不同的培养方式，对于入职前的教师，主要让其了解高等教学的教学规律和教学理论，以及大学生的心理发展规律，使其明确自己的工作责任；对于入职后的新教师，继续对其进行教学理论培训，并对其教学实践进行指导；对于在职的老教师而言，则应与时俱进，终身学习。适时革新教育理念，改进教学方式，学习利用新媒体实现信息化教学，更新教育内容，提高教学的艺术。

最后，发展教学发展中心，使得教师能定期见面交流教学和同行评议，并能在教学发展中心获得资源支持而进行教学探究。在教学发展中心可以定期开展各种活动，如教学工作坊、教与学、微格教学等活动为教师提供交流和反思的空间。

（二）高素质师资队伍

①增强教师的专业化水平，加强对教师的培训力度，开展校长和高级教师海外研修培训，增加高校教师与其他优秀国内外教师交流的机会，提升院校教师的海外阅历，增强自身专业化水平，提高教师队伍的质量水平。

②完善教师综合评价体制机制，使高校教师评估更加科学合理、增强高校教师工作的积极性。

③践行卓越教师培养计划，学校为教师培养提供机会、搭建平台，促进教师之间的互动与交流，把理论知识与实际课堂交互统一起来，形成教学实践、管理和设计一体的高素质教师培养机制。

④注重引进优良师资，给优秀人才提供更高的平台、丰厚的引进政策，如解决住房、配偶工作以及子女上学等，敢于投资，用重金吸引师资，用真诚留住师资。

⑤注重引进现代化的教学设备，重视远程终端和信息化平台建设，提高教师利用信息化手段教学的本领，更好地开展现代化教学。

（三）现代教师的专业精神

①敬业乐业精神。敬业是教师对自己所从事的专业工作发自内心的崇敬，敬业还需乐业，对专业工作表现得从容自在、心甘情愿、毫不勉强。

②勤学进取精神。高校教师只有不断学习新知识、新观念和新理论，积极进取，才能适应现代高校的教育理念。

③开拓创新精神。面对个性独特的"00后"大学生，教师要敢于借鉴、勇于开拓，不断创新高校教育教学方法和手段，形成自己独特的教学风格。

④无私奉献精神。要继承和发扬教师无私奉献的专业精神，以教育学生成才为上，把自己所学的知识、爱心奉献给学生。

⑤负责、参与精神。现代教师要具有高度的教育责任感和社会责任感，还要具有积极参与教育精神，参与到学生的生活和学习中，用自己的实际行动参与到高校教育事业中。

三、现代教育理念下的高校学生观

学生观就是人们对学生的基本认识和根本态度，是直接影响教育活动的目的、方式和效果的重要因素。为了更好地培养高素质的现代公民，我们需要认真研究学生观的问题，努力确立现代学生观，找准教育与知识经济的结合点，全面实施素质教育，才能最大程度地开发学生的潜能。

（一）学生是发展的人

1. 学生是具有生命意义的人

学生时代是人一生中最富生命活力，生命色彩最为丰富斑斓，生命成长最为迅速、最为重要的一段时间。学校教育是努力为学生的生命健康成长服务，提高学生生命价值的有意义的活动。

学生是人，是富于生命意义的人，这是一种最本质的朴素观，也是第一位的学生观，还给学生作为活生生的人应有的时间和空间，这是历史的进步和人类文明的标志，更是知识经济时代对教育的深切呼唤。

2. 用发展的观点认识学生

要用发展的观点来看待学生，现代科学研究的成果与教育的价值追求，要求人们摒弃僵化观点，要用发展的观点来认识和对待学生；学生身心发展是有规律的，学生具有巨大的发展潜能，学生是处于发展过程中的人，是全面发展的人。

（二）学生的自我教育

学生的成长离不开每一个步骤、每一个过程，现代教育理念下的高校学生都需要正确引导。"十年树木，百年树人"，教育学生成长更不能拔苗助长、一蹴而就，得有个循序渐进的过程，要让学生养成好的习惯，因为良好的习惯能受益终生。

高校教育中学生是主体，要加强学生思想政治教育，注重学生树立正确的人生观、激发伟大的爱国情怀、提升强烈的责任感、培养高度的自信心、培育温馨的同情心、养成坚强的适应力，走上社会，为社会服务。

1. 正确的人生观

三观教育符合社会主义教育方针，符合社会主义道德规范，符合社会主义核心价值观，不能和社会主义核心价值观冲突，不能违背社会主义核心价值观方向，否则会走偏。人文素质教育的核心是造就健全人格的人，即人之所以为人，其中人生观具有基础性的作用，而三观则必须符合社会主义核心价值观方向；再者，在社会主义国家，不能为了个人利益而牺牲国家利益，要坚决抵制和反对这样的行为。

2. 伟大的爱国情怀

从小要养成爱国的情怀。一个没有爱国情怀的学生，终将是失败的，他们会为了一己私欲铤而走险，这样的人也许会成为某个方面的人才，也许会成为某个方面的名人，但是绝对不会成为这个社会和世界所欢迎的人。不是时代接受的人，他或者她，或许会显赫一时，终究会被历史淘汰，会被时代抛弃。所以学生要从小树立远大理想、培养爱国情怀、培养感恩教育、学习历史、不忘初心，牢记使命；不忘中华民族的屈辱史，好好学习，强大自己、武装自己，提高自己的综合素质，也是提高综合国力的一种体现。志存高远，为社会服务、为国家奋斗、为民族奋斗，这样才会走得远，飞得高，社会才会更加和谐，人类才会更大进步。

3. 高度的自信心和同情心

自信心的培养是学生自我意识的要求，一个有自信心的人才能充满活力，充满智慧，充满创造力，才会积极去面对人生，面对困难和挫折，去迎接生活的挑战，才会去解决生活中的困难和不愉快，而不是逃避和迂回。

"人之初，性本善"，这是人类社会最初思想形态。作为学生应该具有初步的处理人际关系的能力，具有一种情怀，具有一种同情弱者的心理思想和理念。帮助弱者，帮助别人，实现自我。我们大学生要有一个重要的品性，要具有一颗善心，要善待他人，助人为乐，将来的社会才会更加和谐。包括文明礼貌、宽容待人，都要有"海纳百川，有容乃大"的胸怀，不要斤斤计较，要以"风物长宜放眼量"的姿态看一些问题，向前看，更要向未来看。

4. 坚强的适应力

学会学习，学会生活，学会生存，不畏挫折，这是21世纪必不可少的技能，要适应社会。现在的社会是一个高速发展的社会，现在的世界是一个高速发展的世界。互联网使世界的距离越来越近，了解的越来越多，越来越深刻，只有具备这些生存的适应力。在学习中才能不怕困难，在生活中才能不怕挫折，才能使学生在不断的吃苦中磨炼自己、锻炼自己、成长自己，才能适应社会，继而适应这个高速发展的世界。

5. 强烈的责任感

培养大学生的责任感，帮助大学生懂得自己的社会责任、家庭责任，要有一种担当行为，有一种使命去奋斗、去拼搏、去学习。居安思危，要有时代感，要有使命感，大学生就不会感到无聊和空虚。也不会浪费时间、虚度光阴，不会无所事事，不会感觉生活无聊，只会感到生活是多么美好，人生需要奋斗的事情有太多太多。就会只争朝夕，感到"时光如梭，光阴似箭"，就会觉得"时间就是金钱的重要性"，会体会到"浪费时间就是浪费生命的重要性"，会体会到这是前人、哲人、名人用自己亲身实践或者一生总结出来的。认识到我们的社会有许多方面需要年轻人去奋斗、去开拓、去拼搏。国家越来越好，社会越来越进步，生活越来越美好，人民越来越幸福，感到自己作为一个中国人的光荣和骄傲。

第三节　现代高校教育理念创新发展的策略

一、提升高校教学水平

（一）强化高校教育的理论支撑

高等教育现代化是一个动态的发展过程，高校教育教学的发展需要成熟的理论来支撑，便于深化对高校教育教学模式的研究，增强其研究的科学性，在中国特色的基础上构建高等教育现代化理论框架，突出发展目标，创新发展道路，继承中国基因，形成中国体系，汇聚中国特色。

①需要以文化属性与民族传统为理论源泉，"失去了民族文化，教育就失去了根基，"在我国深厚的文化土壤之中，形成了独具特色的教育传统，如"中庸文化""尊师重教""分科考试"等，这些文化根植于我国的民族传统之中，我们必须以辩证为主要逻辑方法，辩证地看待这些教育理论，取其精华，弃其糟粕。

②突出建设高等教育强国的发展目标，建设高等教育强国是我国进入21世纪以来的重要纲领，它是一个系统工程，涉及高等教育的规模、效益、质量、思想、体系和道路的方方面面，我们必须加强对高等教育强国的目标研究，结合中国自身特征，从动态和静态两个方面把握高等教育强国动态，开展实践探索。

③加强对高等教育现代化的道路建设研究，将"道路建设"纳入我国高等教育现代化的研究的重要纬度，从动态的角度入手，研究高等教育强国建设的

具体方法和实施路径，为我国建设实践型的高等教育发展模式提供理论指导和方法参考。

（二）提高高校教育的实践水平

无论是高校教育的发展目标还是理论构建，都从属于社会实践属性，最终也要付诸实践，回顾我国高等教育现代化发展历程，都是在实践中不断摸索前行的，是从实践到认识，最后又到实践的过程，强调实践，是指高校教育发展需要从自身现实出发，不断探索和创新。

高校教育发展需要抓住其实践体系的研究，科学合理的构建实践体系，发挥其实效性和现实性，不断提高实践水平，在认识和实践选择中螺旋式发展，波浪式上升。

（1）以现实为基础，构建适应本国特色的高等教育现代化。推动我国特色文化融入高等教育现代化各项事业中去，不断提高高校特色办学水平，促进我国高等教育现代化的多元化、品质化、品牌化发展。

（2）坚持教育优先发展，落实教育现代化发展战略。党的十九大报告明确了我国要在 2035 年基本实现国家现代化，《中国教育现代化 2035》中指出，2035 年我国总体实现教育现代化，我国在高等教育现代化实践中需要将高等教育发展放在国家现代化之前，用高等教育现代化推进国家现代化。

（3）注重科学和创新。在不断加大对高等教育现代化的实践探索的途中，我们需要基于现实，对其历史现实和未来进行科学审视，也不能束缚在现实的迷局中越陷越深，应以创新为实践路径，最终使高等教育现代化各项战略规划落地生效。

二、深化高校教育改革

（一）创新高校教育发展模式

1. 全面深化高等教育改革体制

（1）补齐教育短板，促进各级各类教育均衡有序发展，推进基础教育深入化，高等教育普及化，职业教育国际化，并紧抓一流本科教育这个根，以本为本。

（2）改革高等教育主要由国家控股的局面，高等教育向市场开放，给予学校更大的自主权，接纳更多的社会资金，减轻国家财政负担，也可以增强高等教育资金的灵活性，为高等教育发展注入新生力量和源源不断的新鲜血液，当然在这一过程中，国家要注重把控，发挥政府作用，从而促进高等教育合理有序运行。

2.要创新高等教育发展模式

由于各国政治、经济、地理、人文和社会环境等方面的差异以及国情的不同，高等教育现代化发展没有规律可循，也不能照搬西方国家的高等教育发展模式，需要我们自己在实践中摸索，不断创新，探索出适合本国高等教育现代化的道路，因此创新高等教育发展模式是必然选择。

（1）在借鉴国外高等教育发展模式和促进高等教育的转型升级的同时，要注重本国特色，不能毫无根据地全盘复制，要立足传统，也要走特色之路。

（2）主动适应经济社会的发展，立足实践，解决现实问题，深化高等教育改革，且高等教育改革与发展需要从实际出发，立足于高等教育本身，在尊重教育规律的基础上蓬勃发展。

（二）加快教育信息化基础建设

深化高等教育信息化改革，加快推进高等教育信息化，推进高等教育组织方式和管理方式的信息化变革，用信息化来带动高等教育现代化，改善高校基础设施，为高等教育教育资源共建共享提供手段。信息化为高等教育带来深刻变革，信息化是高等教育现代化的重要推进力量。

（1）通过信息化手段使优质高等教育资源跨区域、跨行业共建共享，实现高等教育资源数字化，打破高等教育的时空限制。

（2）通过专业课程配套的虚拟仿真实训系统的开发与应用，实现教学过程与生产过程实时互动的远程教学，即利用网络技术，实现网络课程与实体课程相统一，为高等教育现代化提供技术保障。

（3）提升校园网速，搭建校园网平台以及联通各校的高校网络平台，实现优质课程共享。

（三）完善高等职业教育体制机制

高等职业技术教育是高等教育的重要组成部分，是培养高水平的职业技能人才的顶端教育，是高等教育现代化进程中不可缺少的一环。促进高等职业教育发展需要采取如下切实可行的措施。

（1）高等职业院校专业设置要与社会市场相适应。专业设置可以更好地利用当地资源，考虑地方经济发展特色，更好地为当地发展服务，促进当地经济发展，可以仿照美国社区学院建设，将专业与课程设置与地方经济发展相连。

（2）高等职业院校应该准确定位。"高职院校必须从区域和行业经济的发展出发，坚持强化特色，准确定位，加强校企合作。"高职院校应该对自己的服务对象、特色学科、培养目标等进行准确定位，才能逐渐提高高等职业院校的核心竞争力。高职院校的培养目标既要培养经济发展所需的技能型、专业型人才，也要与本科教育相衔接，打通职业院校与本科的学习渠道，为想继续深造的高职学生提供便利。

（3）高职院校要引进高水平师资队伍。致力于打造"双师型"教师队伍，一所学校师资力量的大小直接影响了学校教育质量的高低和人才培养能力的强弱，对于教师可以采取"传帮带"的方式，优质教师以强带弱，或从其他院校选聘专家教师任教，加强师资引进，还需使部分缺乏实践经验教师到基层单位学习实践，增强自身的实践能力。

（四）深化高等教育经费保障机制改革

随着我国经济社会的发展，对高等教育投入明显增加，但与发达国家相比，差距仍然明显，高等教育经费投入不足，一直是影响我国高等教育发展的重要因素。

（1）政府需要加大对高等教育的投入，完善社会资本融入高校的相关政策，增加高等教育收入来源。

（2）在制定科学合理的高等教育经费政策的同时，也需要严格高等教育经费管理与监督机制，确保高等教育经费真正落实到位，促进高等教育投入的可持续性发展。

（3）制定合理的社会捐赠机制，可借鉴美国通过税收优惠政策鼓励社会捐资助学形式，保障高等教育经费来源。

（五）建立有序的社会广泛支持系统

建立社会广泛支持的有机系统，增强人民的公平感受，助推公平教育机制的建立。高校教育教学管理的发展除了需要政府和高等教育自身支持以外，还离不开社会支持、社会关系、社会理解和社会监督，离不开民间的力量。

（1）充分调动社会力量的参与，特别在高等教育投资方面，注意引进社会投资，为高校发展提供资金支持。

（2）建立广泛的社会支持网络，提供社会支持资源，个人更好地利用社会支持资源，从而进一步调节社会心态，增强人的获得感。

（3）进一步完善社会参与高等教育的政策法规等相关规定，鼓励和支持个人办校，提高个人在高等教育决策施策的参与力度和监督力度，有效促进社会公平。

三、保障高校教育质量

高校是实施高等教育的重要载体，是科学研究与创新发展的聚集地，是推动高等教育现代化发展的重要突破口。除此之外，也需要高等教育大系统自身发展，凝聚全社会的力量共同推动高校教育内涵式发展，协同营造教育改革发展的良好生态和社会氛围，为高等教育改革和发展创造良好条件、开创新局面。

（一）建设高水平的人才培养体系

发展中国特色世界先进水平的优质教育，构建科学合理的人才培养体系、建立高水平的人才培养机制是高等教育内涵式发展的目标，也是建立优质发达的高等教育的要求，要实现这一目标，可通过以下路径。

（1）明确人才培养目标，增强学生的创新意识，提升学生的实践与动手能力，通过课程的培养提高学生的学习力，用课堂撬动学生创新意识的萌发，培养创新性、复合型人才。

（2）"加强学科体系在人才培养体系中的导航作用，构建学生、学科、学术一体化的综合发展体系。"

（3）开发适合本国学生的人才培养机制，在坚持立德树人的基础上，建立科学的人才培养方案，促进人才全面发展，综合提高，注重对学生品德培养、能力表现、课业成绩等方面的综合评价。随着我国高等教育改革的纵深发展和高等教育质量的提高，人民必将享有更优质的教育，拥有更多人生出彩的机会。

（二）形成广阔的国际交流与合作格局

促进高等教育国际合作与交流，开创对外开放新格局，借鉴国外成功的办学管理和评教经验，并与我国国情相结合，继续推进我国高等教育人才培养国际化、师资队伍专业化，高等教育终身化，使我的高等教育质量达到国际先进水平，我国高等教育现代化也可以为世界高等教育现代化发展服务。

（1）必须做好国外先进办学经验、教育资源和教育体制的筛选与吸收工作，评估国外如哈佛大学、斯坦福大学、耶鲁大学等国际知名高校的管理和办学经验，借鉴吸收并内化于我国。

（2）与世界高等教育发达国家互相选派优秀教师访学、进修，鼓励我国学子出外深造，提高国内外高等教育交流与合作力度。

（3）稳步扩招留学生，并加强对留学生的管理，制定科学的对外宣传方案，如网上宣传、海外宣讲等方式，让世界了解中国，并制定有序的留学生服务和管理计划，搭建留学生管理平台，促进中西方交流。

（4）还需要增强国内高校之间的交流与合作，组成国内高校联盟，相互辅助，尤其是北上广等地区知名高校要注意帮扶其他兄弟高校，加强高校学生和老师之间的交流，形成高等教育发展高校带，加快《教育现代化2035》的实现，建设成为具有中国特色、富有中国基因的高等教育现代化国家，引领世界高等教育的发展。

四、增强高校网络诚信教育环境

在信息网络化迅速发展的今天，高校大学生也会面临网络诚信教育环境的影响，要有针对性地提出优化高校大学生网络诚信教育的具体策略，优化现代大学生所处的社会环境、家庭环境和校园环境等协同教育环境，适应当前现代高校教育理念的创新发展。

（一）优化社会环境

随着5G时代的到来，社会网络对高校教育的影响力不容忽视。大学生虽然学习和生活都在高校内，但是高校也是置于社会大背景下的存在，教育理念也会受到社会大环境的影响，整个社会的诚信状况很容易影响大学生网络诚信意识的树立。因此，要促进社会环境的优化，为大学生营造一个在网络空间中人人诚实守信的环境氛围，帮助大学生在社会氛围的熏陶下自觉遵守网络诚信道德规范。

1.加强政府公信力

（1）健全政府信息公开制度，完善公民网上查询政务及相关信息的功能，真正做到政务公开，同时鼓励公民积极参与进政府诚信建设的工作中，对政府工作进行有效监督。这样大学生也可以在网上了解政府相关政务，加强对社会诚信体系建设的重视，自觉自愿为社会诚信体系的建设助力。

（2）健全并完善当前网络诚信相关法律法规，用强有力的法律手段规范公民的网络行为。同时，政府应该积极组织一些网络诚信宣传活动。例如，举行中国网络诚信大会和网络诚信宣传日等相关活动时优先选择高校大学生作为志愿者，让大学生有更多的机会参与社会活动，感受社会网络诚信氛围。这既有利于大学生更全面的认识到网络诚信的重要性，又能够更好地规范自身的网络行为，为社会诚信体系建设助力。

2. 加强公民道德教育

受反诚信文化的影响，当前社会依然存在着一定的诚信危机。部分人因为自身道德水平较低，在网络上大肆宣扬诚信无用的错误思想，追求利益至上，而通过坑蒙拐骗、花言巧语等不正当行为获取利益，这种思想很大程度上阻碍了诚信社会的建设。身处同样网络空间的大学生则更容易受到这种错误思想的蒙蔽，做出一些网络失信行为。因此，社会需要在加强诚信文化宣传的基础上，加强公民的道德教育。引导公民树立不论置身于现实社会还是网络社会都要恪守诚信道德的意识，从而加强社会精神文明建设，优化社会诚信环境。

3. 发挥社会舆论的监督导向作用

当社会舆论对个人或集体的网络诚信行为予以肯定并进行宣传报道时，例如，微博、微信公众号等对诚信事迹进行发布时，随着网友的转发，会调动起个人的诚信道德感，以此会更加注重对自身行为的规范，进而能够自觉树立起网络诚信意识。同样，若是社会舆论对失信行为的谴责，会在一定程度上激起失信者的羞耻心，引起失信者想要规范行为的意识，从而减少失信行为的发生。所以要有效利用媒体平台，宣传诚实守信道德品质，在社会中引导诚信意识的树立。

与此同时，要加大社会诚信文化监管力度，尽可能地遏制不良文化在借用网络进行传播，对于已经流入网络的不良文化要及时删除和纠正，并严格依照法律法规进行公开惩处，对大众予以警示。在运用广告牌、标语、展板和公益广告等形式积极宣传诚信文化的同时，也要通过微信、微博、QQ等新兴的网络传播媒体，培育积极向上的社会诚信文化，营造诚信氛围。

所以，社会诚信环境氛围影响着高校校园环境氛围的营造，而高校校园诚信氛围的营造依托于社会这个大环境。因此，优化社会诚信环境氛围这个大环境，对身处其中的高校校园环境有着重要的积极作用。

（二）优化家庭环境

党的十八大以来，习近平总书记曾多次指出家庭教育与家庭环境的重要性。在家庭教育中最重要的莫过于对子女的思想道德教育，身在其中的父母长辈更应该要以身作则，家庭环境氛围对引导子女提高自身思想道德修养具有重要影响。所以，诚实守信的家庭环境氛围，不仅有利于促进家庭成员形成良好网络诚信意识，能够自觉规范自身行为，还有利于提高家庭教育与高校教育的衔接度，并能够协助推动整个社会公民道德素质的提升。

家庭是社会生活最基本的组成要素，是人在呱呱坠地后接受教育的第一场所，同样，父母亦是陪伴子女成长的第一位老师。父母的世界观、人生观、价值观以及个人的道德品质深刻且长久地影响子女。同样，家庭氛围对大学生成长也具有不可轻视的影响力。因此，每一名家庭成员都应该充分认识到营造良好家庭环境氛围的重要性。父母长辈想要营造诚实守信的家庭氛围，那么自身要树立正确的价值观念和行为规范，为子女做出表率。父母日常对于子女或者他人的诚信状况，在潜移默化地影响子女。若是父母经常在网络上肆意转发传播未经证实的新闻，通过恶意差评赚取电商给予补偿的利益，却教导并告诫子女应该在网络空间中诚实守信，这种前后的反差是很难使子女在网络空间中能规范自己的行为。与此同时，诚实守信家庭环境氛围的营造离不开父母长辈与子女的彼此尊重、和谐相处。这样既帮助子女保持积极向上的心理状态，又有利于家庭网络诚信教育的展开。

高校教育主要是在校内对大学生的思想道德予以引导教育，而校外的教育在一定程度上要依靠家庭展开。家庭教育不仅是家长与子女沟通的桥梁，也是家庭与学校之间形成有效互动与达成共识的纽带。所以，营造诚信家庭氛围应该与高校网络诚信教育要求相一致，配合高校在网络诚信教育方面实现对大学生的双向教育。

因此，要加强大学生的网络诚信教育，一定要正确认识家庭环境氛围对于大学生的网络诚信意识树立的重要影响，从而从家庭教育方面更好的促进大学生网络诚信教育合力的发挥。

（三）优化校园环境

高校是大学生日常生活与学习的重要场所，同时高校也是作为对大学生进行系统科学文化知识传授与思想道德素质培养的主阵地。所以，高校的环境氛围对塑造大学生良好道德品质的影响力令人不容小觑。在良好校园诚信氛围的熏陶下，有利于对大学生思想道德修养的提升。因此，大学生道德品质的培育与诚信、和谐的校园文化氛围有着重要关联。所以，高校要以社会网络诚信建设大环境为依托，协同与大学生个人诚信行为表现出来的家庭网络诚信教育小环境，积极营造诚实守信的校园环境，以期优化高校大学生的网络诚信协同教育实效。

首先，在网络诚信文化宣传方面，要充分做好基础宣传工作。在校报、校园宣传栏、校园广播站等基础宣传平台中融入传统诚实守信美德的宣传，同时引用诚信道德榜样的事例，引发大学生的共鸣。还可以对身边同学的诚实守信事迹进行宣传，通过身边榜样的力量来感染更多的大学生，在校园营造一种人人讲诚信、事事守诚信的校园诚信氛围。不仅如此，还要增设一些反面案例的版块，列举与大学生生活和学习息息相关的网络失信案例，给大学生予以警示作用。

其次，在高校的官方网站、官方微博以及官方微信公众号等网络平台中，通过大学生乐于接受的方式，例如，网络诚信相关文章、音频、视频等方式的投稿、互动留言与转发等，用让人眼前一亮的方式融入网络诚信相关宣传内容，以无形的渗透方式增强校园网络诚信文化氛围。

最后，高校也要通过严格的校园网络诚信制度规范来保障校园网络诚信环境氛围的营造。在社会主义诚信价值观的指导下，以国家关于网络诚信建设的相关法律法规为基础，依据高校与在校大学生实际情况，完善大学生校园网络诚信制度规范，并将其纳入校规校纪之中，为大学生的网络行为提供依据。大学生网络诚信教育必须与适当的制度规范相结合才有可能实现既定效果。严格的校园网络诚信制度规范，是规范大学生网络诚信行为强有力的校园约束力，也有助于保障高校大学生网络诚信协同教育实效的优化。

第四章　现代高校课程管理的创新发展

人才培养是教育领域研究的重点内容，而课程建设与管理是实现人才培养目标的重要依托，也是高校教育教学育人管理的重要载体与主要渠道。本章分为课程与高校课程，现代高校课程管理的基本原则，现代高校课程管理的重大意义，现代高校课程管理创新发展的策略四个部分。主要包括：课程及课程管理概述，高校课程概述，现代高校课程管理的人本性、目的性、系统性等原则，现代高校课程管理的理论意义和实际意义，现代高校优化课程教材管理、实施人文引领的高校课程价值管理、创新高校专业课程管理的高校课程管理创新发展策略等内容。

第一节　课程与高校课程

一、课程及课程管理

（一）课程

1. 课程内涵

课程作为教育教学的中心环节，一直备受国内外学者关注，学术界对课程的定义也是众说纷纭，主要的课程内涵有如下观点。

（1）我国的"课程"这一词由唐代孔颖达最先提出，他在《诗经》注释中所说的"维护课程，必君子监之，乃依法制"，意指礼仪活动的相关程式。

（2）课程是指学生在学校获得的包括教学活动、教学进程、学科设置、课外活动以及校园文化在内的全部经验；也指一切有规定数量和内容的工作或学习进程。

（3）课程最根本的内涵是知识组织，课程就是知识体，"教学内容经组织后所形成的每个'知识体'就是一门课程"。

总结说来，广义的课程即指学生在校内习得的包括教育教学和课内课外活动、学习氛围和学校背景环境在内的所有经验，狭义的课程则专指与教学活动有关的学科及其关联活动的总和。

2. 课程结构

这是"课程内部各要素、各成分、各部门之间合乎规律的组织形式"。课程结构作为课程实施过程中的纽带，存在于课程活动的各个环节，主要表现为宏观结构与微观结构两大类：宏观指的是课程总体设计的结构；微观结构则包括课程实施过程中各要素与成分之间的整体组合关系。在相关研究领域中，学者们多倾向于课程微观结构的研究。例如美国著名教育家布鲁纳和施瓦布都曾对课程结构进行研究。其中，布鲁纳的结构主义学科理论就更加倾向于研究微观的课程结构，也就是课程的内在结构。布鲁纳认为，结构主义体现在学科中主要是用于支撑相应的定义原理和规律方法，并能够展现出其相互作用的内在逻辑机制。施瓦布同样专注于课程微观结构的分析，他的观点也与布鲁纳较为相似，不同的是施瓦布更加深入地研究了学科结构主义的本质，揭示了其内在的层次结构。

3. 课程特征

课程是学校教育的组成部分，更是连接学校教育与社会需求的枢纽，能够反映社会各种需求的课程以知识形式付诸教学实践时，一般呈现出以下特点。

（1）课程是经过社会选择所呈现出的社会共同意志的体现。即课程所包含的内容实际上是以社会的政治、经济和文化制度为依据，以学校教学宗旨为依托的。也就是说，学校在设定课程内容时需要考虑社会各方面的需求。

（2）课程是具有合理逻辑组织的完整体系。即课程的构成要素包括课程目标的设定、课程内容的设置、课程设计的编制、课程实施的组织和课程评价的制定等，是一个完整的作用体系，各个要素之间需要相互协调、科学运作。

（3）课程是以既定、先验和静态的方式存在的。其中，"既定"即已经存在的，"先验"即先于经验的，"静态"即相对静止的状态，换言之，课程就是先于经验而存在的一种相对静止的知识产物。

（4）课程是学习者所追求的高于自身知识的一种外在经验。即课程是外在于学习者并需要学习者通过不同途径去参与和获得的。

4.课程分类

课程分类是根据不同的分类依据将课程加以区分，形成不同形态的课程的过程。其中，两种最根本的课程类型就是学科课程和活动课程，但随着课程理论的完善，逐渐衍生出一种新的课程形式——核心课程。至此，形成了包括学科课程、核心课程和活动课程在内的基本课程分类体系。其中，学科课程主张以学科为中心，核心课程主张以学生的活动行为为中心，活动课程主张以学生本身为中心。除此之外，依据课程的本质属性，课程可有经验课程和学科课程之分；依据课程的实施形式，可分为综合课程和学科课程两类；依据课程的重要程度，可分为必修和选修课程两类；依据课程的组织和管理机构不同，可分为国家课程、地方课程和校本课程三类。

（二）课程管理

课程管理作为学校教学建设的重中之重，主要分为课程建设与教学建设两大部分。

1.课程建设的主要环节与内容

课程建设主要探讨课程应该"教什么"，具体包括以下五个环节。

（1）课程目标

课程目标作为教育目标的直观表现形式，为课程建设的最终实现做好了前提铺垫。课程目标在课程建设过程中发挥着重要的功能和作用，首要的就是其导向和评价功能，除此之外还有调节和中介的作用。首先，课程目标具有导向性，它为课程的内容、设计、实施和评价等课程的其他几个环节确立了基本方向；其次，课程目标具有评价性，是评价其他几项工作合理、标准与否的有效依据，也是测验预期目标能否完成的根本范式。

（2）课程内容

课程目标是课程建设的中心要素，也是保障课程目标完成的最关键要素。近些年有关课程内容的研究主要体现出三种观点："教材中心论""经验中心论""活动中心论"，分别主张以"学科教材""学生经验"和"学习活动"为中心设置课程内容。此三种课程内容观点虽然各有利弊，但在课程实施过程中若能将三者相互联系、融合运用，将会是一种新的尝试。

（3）课程设计

狭义的课程设计是指通过设计将课程内容的各个组成要素连接成一个整体，进而形成具体的课程实施结构，达成课程目标；广义的课程设计则在狭义的基础上，还包括分析课程主体、课程客体，研究课程各个构成环节之间的相互作用模式等。此外，还有学者从微观、中观和宏观的角度分别对课程设计进行区分和研究。不同视角、不同层次的课程设计有不同的主体和受体。

（4）课程实施

目前"课程实施"尚未有统一的界定，但主要有两种学者们较为认可的观点：①认为课程实施是"一个具体课程方案的施行落实"，是将课程实施当作是固定不变的执行活动，多用于由上级到下级实行课程改革或课程进度推进；②认为课程实施是"把一项课程落实到实际操作的过程"，是一个动态的、随课堂实施过程中因改革变化而变化的过程，适用于不同地区根据地域需求进行的课程改革实施。考虑到实际状况，课程实施是指不同地域根据本地区的教育需求和培养目标进行的课程实施或课程建设过程。

（5）课程评价

这是指"依据课程的实施可能性、有效性及其教育价值，可以做出价值判断的'证据的搜集与提供'"，主要包含两个方面的内容——"教育过程是校内的计划与组织的判断决策和学生的学习成果的判断"。换言之，课程评价即根据课程的实施与结果研究课程价值的过程。通过课程评价不仅可以了解和掌握学生的经验习得情况，更重要的是还可以获悉课程实施过程中课程建设各要素的发挥情况，进而为课程目标的实现和课程建设的优化提供真实的反馈信息，以及时进行调整与改进。

2. 教学建设的主要环节与内容

教学建设主要探讨"如何教"的问题，一般来说，教学建设应该包括五个方面的环节与内容：即理论基础、教学目标、操作程序、实现条件与教学评价。与上述课程建设相对应，将在以上五个环节要素的基础上研究教学目标、教学内容、教学实施、教学设计与教学评价五个方面的内容。

（1）教学目标

这是指教学活动开始之前所预先设想实现的教学效果，是对学习者将要产生的学习效果的预先猜测和假设。教学目标作为教学建设的首要环节，对教学内容、教学目标等其他环节具有控制和指导的作用。泰勒原理就曾指出教学的目标与内容和评价之间的作用关系，认为教学目标是教学内容选择和教学其他环节实施的根本依据。因此，教学目标的差异直接导致了教学模式的差异，教学模式始终为教学目标而服务。

（2）教学内容

这是指"教学过程中同师生发生交互作用、服务于教学目的达成的动态生成的素材及信息"。教学内容涵盖了教学过程中"教"与"学"之间彼此互动和作用所产生的全部信息，除了教材与课程的内容，还包括学校所要教授给学生的知识技能、传递给学生的思想观念和监督学生的行为习惯等，即生成性教学内容。教学内容即指学校为学生提供的一切用来满足学生学习需求的有形或无形的教学资源等。

（3）教学设计

国外对教学设计概念的界定主要包括系统课程观、科学技能观、"最优处方"观等观点，国内则提出了"过程—程序"说、"解决问题"说、"技术"说等不同的说法。综观国内外学者的观点，认为教学设计是以教学目标为准则，针对教学对象所确定的合理有序的教学安排，其中包括教学建设各要素的安排与教学实施的设计等环节的系统化过程。教学设计可以由大到小针对不同的学段、学年、学期、单元、课时甚至一个片段，也可具体指某一课时或教学片段的设计。

（4）教学实施

有关教学实施的概念，目前尚未有统一的界定，但从另一个角度来看，教学设计关注的是如何提供一个教学活动整体安排的方案，那么教学实施则是如何将这样的教学方案进行实际执行和操作。这个"如何做"既要满足教学活动中的教学目标、内容与对象的要求，又要考虑教学环境的差异性与可能性，比起教学的详细施行办法要更加复杂化。教学实施作为整个教学系统运作的核心环节，其执行与落实情况直接决定了教学目标的实现与否，因此，要更加深入地研究和探讨。

（5）教学评价

一般来说，对"教学评价"的定义分为广义与狭义两种观点。广义的教学评价是指"对一切影响教学活动因素的评价"，是指运用科学的方式，以合理的评价标准和指标为依据对整个教学活动产生的实际教学效果所做出的价值判断。狭义的教学评价则是指采取科学合理的措施，以实际教学目标为依据对教学活动做出评价和判断的过程。综合两种说法，教学评价是指基于一定的评价标准，通过科学的教学信息收集，运用合理的评价方法来判断整个教学过程的价值。

综上可知，课程管理包括课程建设与教学建设两大要素，具体又包括课程（教学）目标、内容、设计、实施与评价等。因此，要想实现课程建设的完善化和创新化，就需要以"目标"为导向，促进各个构成环节与要素之间的协调与衔接，进而形成一个良性的课程运作系统。这就需要我们从不同层面、不同视角对课程建设的各个构成要素进行深入研究和掌握。

二、高校课程

高校课程管理主要体现在课程目标、课程内容和课程实施中，不同年级的课程要素也会在课程价值动态变化中不断创新发展。高校课程在具体的情境中也会体现出不同的课程管理方法。

（一）高校课程的培养目标

高校课程目标通常具有促进大学生的全面发展和促进专门人才的培养两种取向。促进学生本身发展或者为社会发展服务是课程目标两种最为明显的区别。

以"学生"为主的课程目标，强调学生是课程的基本着眼点，关键是促进学生的自我实现。高校课程目标是培养学生，以满足学生发展的需要。强调学生全面发展，注重学生的兴趣、情感等内在需要。以学生为中心的课程，更加注重过程，即学生在课程中的内在的收获，而非外在的结果。

以"社会"为主的课程目标，旨在培养能够为社会服务的人才，强调课程教学要为"社会"的发展服务。以社会为中心的课程，更加注重培养专业性人才而非满足人本身的需要。其教育的目的是单一的、外在的、更加注重结果的。

高校课程目标基本围绕学生和社会这两个主体来讨论，现实的课程目标并不一定是非此即彼的，可能会有折中和融合。会依据不同的历史背景或者具体的情况而更偏向社会或者个人。

（二）高校课程设置

高校课程的设置主要分为通识课程与专业课程。高校中的课程设置体现了课程目标，我国高校课程设置所体现的倾向，主要表现在对通识课程与专业课程的权衡与选择上。

以学生为中心的课程，在课程设置中会更加关注通识教育课程的内容，即涉及人文、自然与社会知识的"共同内容"。通识教育课程旨在使学生形成宽广的知识基础和合理的能力结构，形成"具备远大眼光，通融识见、博雅精神和优美情感的人。"通识教育课程主要是指非专业性的、非功利性的基本知识。在通识课程中，侧重强调如文学、历史学、哲学、逻辑学等人文性课程。这些知识能够促进人的自由和全面发展，体现人的意义与价值。

以社会为中心的课程，则更加侧重专业教育课程。专业课程强调学生对学科知识的掌握，注重科学化的、理论化的、专业化的知识，重视课程的实用性，而工具性价值等能够有产生实效的知识，比如理科、工科专业课程。"社会主义课程取向下的课程，注重社会课程轻人文课程；重实用而轻理论，重对口而轻基础，尤其是重适应而轻超越的。问题不在于所重视的方面，而在于轻视的方面。"

两种模式下的课程内容都各有其价值，不管是对社会发展还是人的发展都有重要的作用，但是专业教育课程目前仍占主导地位，因此而影响了人的全面发展。

（三）高校课程实施

这是一个复杂、动态的过程，是"实现预期的课程理想，达到预期课程目标的基本途径。"课程实施过程的倾向受课程目标和教师的教育理念等的影响。课程目标主要是学生和社会两种取向，课程实施受其影响通常体现关注学生个性和共性两种取向。

关注学生个性的课程，突出个人本位。课程实施过程中强调学生兴趣，个性的发展，因此会结合学生的需要与兴趣安排课程。课程实施过程注重课程的生成以及学生对知识的自主探究与质疑。强调知识获得对学生成长的意义，更注重教学过程。所以课程内容不是固定不变的，教学的流程也并非循规蹈矩。

关注学生共性的课程，突出社会本位。课程实施过程以知识的传授为主，更加注重学生对知识的获得。教师通常将人视为社会环境和教育的产物，认为人是一个认识体，人的本性是社会性，因此课程实施更多强调统一和服从。注重培养社会需要的人才，以社会发展的需要来设计教育活动。课程通常是按照提前设计好的教学方案进行教学，以固定的模式和方法来传授知识、对待学生。课程强调知识的外在实用价值，更注重教学结果。

第二节　现代高校课程管理的基本原则

一、人本性原则

"人本"顾名思义，就是以人为根本，以人为一切工作的中心和出发点，注重人的积极性、主动性、创造性以及潜能的发挥，实现人的发展、社会的进步。

在高校课程管理中，必须坚持人本性原则。在高校所有的课程管理中，教师资源是重中之重，是资源配置的实践主体，也是高校赖以生存与发展的关键。只有一流的专业教师，才能培养出高质量的学生，创造出优秀的教学科研成果，得到社会的尊重和认可，进而赢得更多的课程资源，缓解资源紧缺的现状，形成良性循环。高校在制定人才培养目标时，也必须坚持人本性原则，构建应用型的人才培养模式。学科建设、专业设置、课程开设等，也要从学生的多样化发展需求出发，及时更新教学内容、教学手段，不断丰富课程管理，培养多样化地专门人才，满足地方社会多层次的发展需要。

二、目的性原则

目的是行为的先导，规定着行为的方向和价值，并贯穿于行为的整个过程。目的性原则，是指导高校课程管理的总的原则，一切配置行为都是围绕着学校建设的总体目标进行的，从而为实现学校整体发展目标服务。

高校课程管理的目的性原则，集中表现为两层含义。

（1）要根据明确的目标指向来配置高校的各类课程资源。比如，作为高校在进行课程管理时，不仅要根据不同学生的不同需求和学习特点来设置课程，还要考虑地方社会政治、经济、文化建设的多元化需求。

（2）所有的目标必须有相应的课程资源来对应。这要求决策者对学校建设目标系统中的各个大小目标有个清晰的认识，以此建立最优的资源配置方案，提高课程管理的科学性。

三、系统性原则

将高校课程管理看作是一个复杂的系统，该系统是由多个子系统构成的，作为这些子系统的课程要素包括教师、学生、教学环境、课程管理及课程评价等多个方面。坚持课程管理的系统性，有利于充分发挥各个子系统的整体功能，实现整个系统的总体目标。

高校课程管理在进行资源配置的过程中，要坚持系统性原则。首先，要对课程资源的各个构成要素建立充分的认识，了解它们的具体特性及其作用功能，只有这样，才能有的放矢地合理配置课程资源，保障每个课程要素都能发挥最大功效；其次，不同课程要素之间是互相联系、相互契合的，具有不同的组合方式。如何对这些不同的课程要素进行多样化组合，需要考虑不同学科、不同专业、不同课程的特点及发展要求，这样才能保障课程资源整体功能的发挥以及课程活动的有效实施。

四、协调性原则

协调就是要配合得当，和谐一致，尽量减少矛盾，将消耗降至最低程度。在当前高校课程资源相对紧缺的情况下，为了适应高等教育大众化的发展进程，高校在进行高校课程管理中必须坚持协调性原则，以最大程度地实现高校课程资源的公平配置、协调发展。

高校课程管理的协调性原则，包括两个方面：①外部协调，主要是指高校内部课程资源的配置必须要与当地经济社会的发展要求相适应。高校办学定位、人才培养模式等的确定，要考虑当地的实际发展需求。在依托于当地资源办学的同时，也要积极主动地为当地社会的发展提供服务。②内部协调，主要是指校内课程资源在不同院系、不同学科、不同专业间进行配置时，必须兼顾效率与公平。在坚持效率的同时，提倡合理竞争；在考虑公平的同时，也要关注投入与产出。

五、可持续性原则

"可持续性"就是要求资源的可持续利用，不能只顾眼前利益，而不顾长远利益。高校是非营利性的社会公益组织，不能只顾效益而不顾成本。

高校在进行课程管理时，必须坚持可持续性原则，既要满足高校当前的发展需求，又要考虑高校长远发展的需要，以保障课程资源的可持续性利用。高校的各类课程资源，如教室、实验设备、教学仪器、图书资料、专业教师等，都处于持续使用、不断消耗的过程中，并不是取之不尽、用之不竭的。为了高校的长远发展，一方面要切实提高现有资源的利用率，通过加强对课程管理的监管力度，实现资源共享等方式，尽量减少不必要的资源浪费和重复建设；另一方面必须合理开发利用高校的各类课程资源，实现资源的补偿和再生，避免枯竭，从而保障高校的可持续性发展。

第三节　现代高校课程管理的重大意义

一、现代高校课程管理的理论意义

（一）完善课程管理理论

课程管理不仅是一个研究领域的开拓，而且是课程理论研究逻辑的发展，是课程理论的自我完善。课程的研究以美国最为发达，影响也最广，它的研究重点集中于课程目标的确定、课程内容的组织、课程实施、课程评价等问题，他们认为课程管理是学校管理的一部分，不予重视，因而，课程管理的研究就被忽略了。我国接受的是以美国为主的西方课程理论，课程管理研究被忽视亦是自然的。我国有学者较早就注意到了课程管理的问题，指出课程管理理论与课程设计理论、课程评价理论一样，是课程理论的一个重要组成部分。课程理论要走向成熟，首先要解决课程理论中的课程开发、设计、评价等基本理论问题，随着课程理论改革的深入，课程管理问题就必然要提到议事日程上来，课程管理与整个课程领域的问题及其他问题都相关，重视课程管理的作用和研究也是课程理论自身发展的要求。

（二）高等教育管理研究的必要补充和突破

高等教育管理的研究与高校课程管理的研究在总的指向上是一致的，都是为了更好、更有效地实现培养所需的人才，更好地满足高校与社会的要求。高等教育管理学已成为一门独立的学科，其主要内容是高等教育体制、教育方针政策、高等教育领域、教育经费，及高校内部管理中的学校组织、人事管理、教学管理、后勤管理等，而高校课程管理涉及的问题具体得多，如课程标准的制定、课程实施过程的监控及管理机构的设立权限、职能的规定，它们都是具体的工作。高等教育管理学涉及的是整个高校管理领域的问题，它能提供的是适于各种问题的原理的内容，以及对高校管理的分析框架。它的一般理论特性使其不能对向课程这样的特定领域做出直接的运用，而且由于高等教育管理学研究范围的限定，使其他不能对课程管理的问题做出详细的讨论。所以，正像教育理论不能替代对高校课程管理的研究一样，开辟高校课程管理研究领域就非常切合于理论与实际。

二、现代高校课程管理的实际意义

（一）促进高校管理观念的转变与确立

高校的管理运行机制长期习惯于自上而下的行政控制与管理，学校的设置与发展规模，学生的培养要求等都是由国家计划限定的，这种无竞争又无淘汰的运行状态极大地限制了高校自我发展的能力。如今，"对包括课程编制在内的人才培养的全过程进行管理，已经和正在成为一种新的大学管理理念"，高校课程管理领域的出现反映了我国高等教育管理领域在思想观念上的变化。高校课程管理理论的建立，要以课程评价、课程设计等理论为基础，以人员管理、机构调整等观念的转变为前提。高校课程管理领域的开拓，会推进高校管理观念的转变，从而促进新领域的确立。

（二）促进课程行政的顺利转轨

我国高校课程的行政管理体系，19世纪50年代以来，全国高校一直由中央统一管理，形成了高度集中的大一统模式。此种情况如果在建国初期的特定情形之下是适应的，但是经过长时间的课程变革和社会大环境的变革，课程领域出现了许多新的情况：课程要求增加弹性和灵活性、学校课程决定权、及时按人才培养调整课程内容等，这些也是学校课程管理要研究的。课程管理研究内容的变化，会使课程管理体制做出相应的变革。课程行政转型之后，又可以使学校课程管理更加灵活有效，有利于调动中央、地方和高校三方面的积极性；有利于中央、学校课程管理各司其职，明确权限，提高课程管理水平。

（三）促进高校课程改革发展

课程改革是整个教育改革的突破口，课程改革是教育改革成败的关键。课程改革是一个系统的过程，其组织、实施、评价和推广等需要课程管理的介入。假如这些工作不能实现，那么课程改革就不能取得良好成效。我国的课程管理水平已经落后于课程改革的需要，课程改革的深化正期待着课程管理水平的提高。

第四节　现代高校课程管理创新发展的策略

一、优化课程教材管理

（一）严把教材选用质量关

教材作为知识载体是培养人才、传授知识的重要工具。它具有稳定教学秩序、保证教学质量、创新教学内容、引领教学方向的作用。近年来，我国高等学院连年扩大招生规模，社会对人才的要求也越来越严格，这也意味着对高校培养人才提出了更高的要求。要保证人才培养质量，就必须认识到教材在教育活动中的重要性，严格把控教材选用的质量标准。

尽管各层次的高校对教材选用的要求千差万别。但都贯彻着统一的原则——以择优性为主要标杆，同时兼顾试教性、科学性、系统性、平衡性。基于以上原则，提出以下措施，具体如下。

1. 选用高水准优质教材

加强选用管理，消除教材选择的随机性，并确保教材选用的科学性和适教性。首先是要落实教材选择程序的执行，继续加强教材选用程序的规范程度。教师列出备选教材清单后，需要由教研室、学院、教材主管部门逐级进行讨论审查，相关领导确认审批。在审批过程中，各级主管必须严格遵守原则，以确保所选教材的质量。严格遵照教育部"凡选必审，质量第一，适宜教学，公平公正"的教材选用原则。

其次，保证高质量的教学质量，就要选用高水准的优质教材。教师在选择教材时，要优先选择教育部规划教材、国家级重点教材、省部级优秀教材及各类获得国内外教材评选奖励的优质教材，保证学校能够达到较高比例的优秀教材选用率。在选用高水准教材的同时，教师也应注意要缩短教材使用的周期，加快教材的更新换代，保证近三年出版的新教材使用占据较高的比例。此外，鼓励引进国外先进的、能反映学科最新发展动态的外文教材。

2. 建立反馈机制淘汰劣质教材

及时对选用的教材质量进行跟踪调查，这是一种非常有效的质量保证措施，制定有效健全的反馈制度，无论是专业课程、必修课程还是选修课课程或实验课程，都应该根据课程设置和实际教学情况选择教材。因此，在每学期结束时，都应邀请师生有效的评估本学期使用的教材，不符合评价指标或师生使用感不好的教材，在下次订购教材时不得选用，并将情况以书面形式报校内本科教学部，先由学院自评，本科教学部再对各学院自评情况抽查，全面掌握教材质量情况，以此对学院对下学期的选用教材进行改进和优化，保证教材选用质量。

3. 提高教材管理队伍的素质水平和业务能力

提高教材选用质量也离不开教材管理队伍的支持。教材管理人员在提高选用教材质量方面起到关键的作用，提高其素质水平和业务能力，在全面了解各专业的培养目标、教学计划后，能够心中有数，提出教材建设的合理意见。总之，把好教材选用质量关是教学管理工作的重要一环，在保证教学质量中具有关键性作用。

（二）强化新形态教材的建设

毫无疑问，新形态教材比传统的纸质教材具有更多的优势，学生可以更方便地阅读，平台可以为学生提供更多的售后服务。在信息技术的支持下，数字资源可以得到更迅速地更新，且随时可以扩展，易于学生学习。但新形态教材目前尚处于建设初期，因此在某些方面有待完善。

1. 构筑数字化教育生态环境

新形态教材尚处于起步阶段。目前，高校新形态教材的应用和推广情况并不理想，首要任务是要加强数字化环境的建设，数字化环境可分为软环境和硬环境。数字化软环境就是指数字素养的培养，目前大学师生还没有形成清晰的数字素养观念，对这种新形态的教材整体认知水平较低。因此，要引导他们以全新的思想观念重新认识数字教育，从思想上做出改变，新形态教材才能得以健康发展。

硬环境是指数字化教学环境的建设，其中包括稳定可靠的网络信息平台。数字教学设施、教学资源系统和强大的技术支持系统。如果高校可以将数字教材整合到数字化环境的学习中，同时将数字教材与其他数字学习平台深度融合，大大增加新了新形态教材应用的概率。

目前，学生阅读和学习数字资源时，通常是通过网页浏览器完成，效率低下，削弱了学生学习的效率，也使数字教材的学习效果大打折扣。因此，在开发新形态教材时，开发商要努力开发出可以支持多类型智能终端的应用程序，提高学生学习的效率。若通过应用程序进行教学，新形态教材将成为教材的主要形式，占据有利地位。这样一来，学生可以一边读书一边做笔记，大大提高了学习效率。同时，与浏览器相比，智能终端应用程序更封闭，能够有效保护知识产权。

此外，开发者可以通过技术手段将与学习无关的程序锁定，使学生能够集中精力阅读，从而提高学习效率和质量。因此，在新形态教材的建设和应用中，智能终端应用程序是不可省略的辅助工具。但是，在开发应用程序确保其有效性时，还必须要考虑集成平台下各种手持智能终端的差异，增强应用程序的兼容性，保证每个终端的体验感良好。

2. 创建支持新形态课程教材的教学模式

目前，翻转课堂、MOOC 和微课等新模式受到高校教师的广泛关注。不同的教学方法具有不同的特点，使用新形态教材的形式也不同。在提供新形态教材的同时，要尊重不同专业学生的学习模式和学习需求。以翻转课堂为例，学生在课下自主学习，课堂中的任务是通过探究性学习，巩固、总结、反思，消化知识，并利用测试来检验学习成果。因此，高校有必要提供相关的教与学环境，支持学生课后的自助式学习模式，新形态教材正为这种教学模式提供了学习的平台与条件。另外，教师必须要转变观念，才可以带动新形态教材下课程教学的改变，未经教师认可的新形态教材是缺乏生命力的。教师应仔细研究如何将数字教材真正的应用到课堂中，如何最大限度地利用数字教材。

2011 年 10 月，教育部启动国家精品开放课程建设，为广大师生开放精品视频公开课、精品资源共享课。第十二个五年计划期间，教育部计划建成 1000 门在线精品公开课程，建设 5000 门国家级精品在线资源共享课程。截至 2018 年，教育部在线开放国家精品课程达 801 门，其中本科教育课程 690 门。在国家的大力支持与开发下，我国数字化资源源源不断地涌入师生的视线，学生们可以从互联网上直接获取数字化学习资源，方便又快捷。在开发新形态教材时，教师可应用上述优秀课程和数字材料，以形成在线教育和课堂教学材料的有机结合，开创新的教学模式。

3. 构建新形态教材立体化发展模式

当前，我国新形态教材的发展模式有三种：以终端硬件供应商为主、以网络运营商为基础、以内容为主的供应商开发。不同学科的地位和利益分配因开发方式的不同而大相径庭，三方都希望在开发过程中占据绝对优势。但事实证明，任何一方都很难单独占据垄断地位。从未来发展趋势看，数字教材的优势集中展现在教材的更新速度、与应用程序的结合、帮助学生集中注意力提高学习效率等方面。因此，加强三方合作，建立三对一合作的三维发展模式，才能提高新形态教材的发展速度，为广大师生提供更好的课程教材内容和课堂服务。

（三）鼓励教师编写教材讲义

对于地方综合性大学，师资力量在国内大学中并非顶尖，但综合实力在省内大学中名列前茅，应当承担起教材编写的艰巨任务。"发挥内在优势，积极组织编写教材，支持优秀教材走出去，提高我国学术的国际影响力。"对于具有校级、省级等特色的专业，学校应积极规划并制订课程计划，增强对校内教材、讲义等教学材料编写的质量监察，自我开展自编材料的评优评奖工作，并推荐获奖材料出版。高校自编教材必须严格遵循出版的要求进行编写，提前汇编大纲，以保证完成的质量。

当前高校要高度重视新高考改革所显露出的一系列问题，解决这些问题最直接有效的办法就是重新审视教材的顶层设计。招生考试改革的实质是为了改变人才培养模式，这不仅要看顶层设计，也要看在执行过程中的落实情况。新高考改革能否真正实现对素质教育的导向作用，不仅是对中学的考验，高等院校更应做好后续的接力工作，顺应新高考带来的生源结构变化，补齐学生的短板，协调课程教材与学生高中基础课程及后续专业课程内容的内在逻辑性，以确保学生专业知识的完整性和系统性。

正视新高考改革中高校招生录取制度面临的困境，对于高考选考产生的教材遴选难问题，高校应做两手准备。①高校针对专业基础要求较高的课程，从源头上对专业课程设置重新规划，将高中所缺乏的课程以必修课的方式进行，教师有必要针对这一问题自行编写符合本校专业特色、学科设置、生源结构差异的教材，在大一为学生们打好基础。针对"新高考"改革带来的学科规划建设进行宏观层次的指导，促进开发和改进与各个专业课、公共基础课及所使用的课程材料的设计。当然，重新规划、编写教材是一个十分漫长的过程，教师不仅要保证教材编写的速度，更要严格遵循教材编写出版的规定与程序，保证教材质量，鼓励教师多出教材，出好教材。②积极为与专业培养计划基础有差距的学生开设基础预科课程，以应对暂时性的教材缺失。特别是在选考中与开设专业选考规定科目交叉较小的学生，高校应本着为学生负责的态度，积极动员学生报名参加。学校在开学前就应对学生做好统计工作，对有意愿报名参加预科课程的学生，依据学生的意愿自愿报名进行预科教材的征订，以保证在开学后措手不及。这项工作，教材管理人员不仅要做好，还要做细。依据专业教学计划，充分考虑学生自身发展与专业需要带来的影响，统筹教材管理。认真核对招生计划和选课计划，以及教材的版本和数量等，引导学生适应新高考改革带来的学习能力的差异，确保顺利完成新高考改革为高校带来的生源结构和育人生态的变化。

高校编写一本优秀的教材，不仅可以解决教学的紧迫需求，而且可以更好地体现地方特色，提高教学质量。一般来说，统一编写的教材质量固然不错，但正因为它是统一编写的，其内容往往更侧重于普遍的、共性的问题，无法解决各个地方的个性化问题，而各高校教师自编教材则使这个问题迎刃而解。同时，鼓励教师自编教材也是锻炼培养教师的有效途径，有助于提高教师，尤其是青年教师学术水平和理论知识，帮助他们更深刻地理解掌握学科的内部关系与逻辑，促进教学内容及方法的改革，提升教学质量。

（四）优化教材评价激励机制

教材评价功能对作为消费者的学生来说最具有话语权。教材的内容、编辑、图形和文本质量以及课程学习的收获都可以反映在学生评价中。教材的质量常常需要全面的角度来进行判断，对教材质量的要求也在随着时间而变化。因此，如何提高教材选择的科学性，对教材有一个客观全面的认识，教材的评价是作为一个关键参考。

教材评价机制不是某些指标的累积和随机性的组合，而是根据适当原则建立起可以反映教材质量的一组指标。普通大学受教师学术水平的限制，缺乏教材评估和建设工作的权威和指导。首先是教师进行自查。教师要对选用的教材从教材的适应性进行审查，这里的适应性不仅包括与教学大纲、教学目标的适应程度，也包括教材与学生的适教性，教材是否有利于学生自学，结构框架是否安排妥当等。其次是专家评审。专家评审应具有一定的思想高度，主要考察教材内容的学术性、结构的系统性、思想的逻辑性、风格的创新性、表达的规范性、图文印刷的标准性等要求。再次是教材在选用完成后学院的考核。在教师和专家进行评审后，学院也要制定合理的考核指标，这将直接影响到学院甚至学校的教材管理情况。学院考核的标准应当包括优秀教材选用率、规划教材使用率、近三年出版教材选用率、国外原版教材使用率等，并将这些指标纳入教学管理考核的指标中，全程监督教材质量。最后是学生评审的指标。学生评价是从其亲身使用感受角度出发，包括教材中使用的文字规范程度，教师授课内容与教材的相关程度，内容的深度与高度是否适合自身的认知规律。

教材激励机制是要消除教材管理中教师的不满情绪，完善制度建设，加大经济激励力度，创造良好的工作环境，从而提高教材管理工作的水平。

（五）有效提升教材管理工作效率

随着我国高等教育改革的逐渐深化，高校教材管理工作的重要作用不断凸显，直接影响着高校教学活动的顺利开展，而作为教材管理工作的实施者，高校教材管理人员的素质和能力显得尤为重要，这就要求他们不仅要拥有过硬的业务能力，还要具备强烈的职业精神、高度的职业操守，不仅能够准确把握高校教育教学活动的目标，更能从各个专业实际需求出发，对教材进行科学的管理。

要不断加强对教材管理工作的重视和支持，不断加强职业精神的培养和锻炼。不断加大人财物方面的硬件支持，合理配置教育教学资源，注意加强对高校教材管理人员的选拔和使用，加强管理人员队伍建设。要不断创造载体和渠道，加强对现有人员的培训力度，通过召开培训班、专家讲座等方式，或者通过微视频、慕课等网络教学方式，不断提升教材管理人员的综合素质和业务能力。

要完善高校教材管理信息化系统的建设。以计算机网络技术为基础，以实现信息传输的效率、速度和便利性。首先，应建立信息化管理系统，基于校园网实现高校教材管理的信息化。其次，通过信息管理系统，实现教材的选择、订购、发放、使用全过程中学校、教师、学生、供应商等多方实时对接，学校教材管理人员可以实时向供应商提出有关学校教学需求的反馈，有望实现双向沟通和信息交流立竿见影的效果，可以帮助教材管理人员根据实际情况选择合适的教学材料。既节省了大量的人力资源，同时还可以有效地节省管理时间。

重点培养技术过硬的管理人员，使之带动其他管理人员，提升整体管理人员的信息化管理能力，通过必要的培训、知识补充、现场技术指导等以各种方式为现有教材管理人员提供信息管理培训。此外，要积极引进和吸收具有优秀专业素养和信息管理能力的教材管理人才。不断加强高校信息化教材管理队伍，提升教材的信息化管理水平。

二、实施人文引领的高校课程价值管理

（一）突出以学生为主的高校课程目标

教育的首要问题就是人，优化高校课程管理要强调学校应该培养"全面的人"。将育人与育才相结合是教育的关键。教育应该培养德才兼备，全面发展的人。

1.课程应以培养自我实现的整全人为目标

大学的教育应培养整全的人，培养整全人的目标应在每一个专业与每一门课程中都得到落实与体现。传统的课程教育目标中，侧重学生专业知识与专业技能的掌握，注重培养人才，但是对于人本身发展的目标表述较为泛化或者忽视。这样会导致培养出的人是不完整的，发展是片面化的。比如职业能力、专业素养强但人文素养弱，缺乏理想与信仰的空心化的人，或者是缺乏职业能力与修养，只会空谈人文的边缘化的人。这是当下人文课程面临的困境，也是提出人文引领课程的必要性。

所以高校课程目标要强调培养整全的人，课程改革要围绕"整全的人"的目标，课程中既要求职业技能也应具有职业操守，既要有知识的传授也要有理想信念的引导。通过对课程的学习，学生不仅仅掌握了知识，还拥有能够自我实现的能力；不仅能够知道自己是谁，而且还能够听到内心的声音，找寻人生的真正意义。

课程目标的制定应该时刻以"整全人"作为目标准则，改变过去目标制定存在空泛化和形式化的问题，始终将"人是目的"作为终极目标，防止人在教育中被工具化和物化。在目标中要明确提出尊重学生的个性、培养学生健全的人格、尊重学生身心发展的规律、提高思维认知的水平等要求，使学生知识、能力、情感在现实生活中得到充分的展现，从而获得的人生意义感。

教育在人的发展中承担着更高的责任与使命，教育的核心作用或者初衷是"人"，每个人都可以通过教育实现自身的发展与价值。发展人的理性与非理性，引领人们追求真、善、美。这就要求高校的课程不仅仅应该帮助学生掌握生活的基本技能与知识，发挥知识的工具价值，为学生生存发展提供动力，更加重要的是还应该挖掘知识背后的人文价值，使学生不仅仅学会生存，还学会与他人相处，增强学生的价值理性，能察觉到生命的真正意义所在，这正是课程应具有的终极关怀。

2.专业课程目标应具有明确的人文理念

整体上高校应该以人为目的，关注人，尤其在专业课程中也要有更加明确人文理念。专业课程的目标主要包括人文专业和非人文专业课程，非人文专业课程的目标的人文性是最容易被忽视的，因此尤其需要被重视。

（1）非人文专业课程的目标应体现人

当前高校专业课程目标的制定唯知识化与唯社会化的取向明显，人们往往忽视专业课程隐含的人文性的因素。例如科学课程不仅可以教人求真，掌握科学知识与技能，同时科学课程还具有人文性因素，如科学精神，科学家的品质，科学本身具有的美等，都可以丰富学生精神世界。只要教师在课程中注意引导，就可以潜移默化地影响学生，由此学生不仅仅掌握单一的科学知识，而是形成了更为全面的科学素养。对于专业课程尤其是理科、工科类的课程的目标中要强调课程的人文性，在课程中让学生获得人文素养。在课程中体现人文性，培养学生的人文素养对学生全面地成长有着重要意义。

（2）人文专业的课程目标更加人文化

现在许多人文专业课程的目标职业化和专业化明显，人文专业课程所具有的人文性不足。人文专业的课程目标应该也是更具人文性的，人文专业的课程也应是让人更加自由的。因此人文专业课程目标也要更加凸显人文性，更具人文化，发挥人文专业本身的优势，不能只顾专业知识而忽视人。

"人文素养"的培养对正处于世界观、人生观、价值观形成阶段的学生来说是十分重要的，因此在目标的设定中应该将有关学生人文性的培养的目标细化，更加具体、可实施、更具科学性，防止课程目标的浅化和分裂化。在当前大学课程培养目标中，有关学生人文素质培养的表述较为空泛，甚至存在"目中无人"的现象，大多以喊口号的形式在目标中体现，基本很难实行与落地。

美国麻省理工学院（MIT）确定的人文课程的培养目标中"重点强调了学生能够将知识建立起现在与未来的连接：更加深入的了解与人类相关的理论、思想体系；认识不同文化、社会制度体系下的政治、经济和文化背景"。对比我们许多高校专业人才培养方案中相对简单的"促进学生德智体美全面发展、人文素养的提高"的目标的表述，MIT的培养显然要更加具体可行，对当前的课程目的制定有启发意义。课程目标会影响课程内容的制定以及课程实施等，所以要注重课程目标的人文引领性，将学生的人文性培养目标具体化，使学生课程中能感受更多的人文关怀。

（二）凸显人文理念的高校课程内容

人文引领的课程价值取向致力于实现整全人的培养，在课程内容上也要满足和唤醒学生的人文需要，培养学生对自己所学专业的人文情怀，使其具有足够的人文理想与信念。同时挖掘每一门课程背后的课程文化，几乎一切的课程都根源于文化，"现代课程的设计是将文化中最富有生命力的部分，如价值理念、原理、概念、工具性的知识和技能、态度，以尊重学生的生活为维度，按简约性、迅捷性的原则组织起来的过程。"因此，我们应该重视每一门课程所具有的深厚的文化特质。

1. 优化通识课程中的人文课程设置

随着通识教育、素质教育在我国不断地被重视，体现在高校中表现为通识课程的比例逐渐增多，但是从整体来看，专业课程仍占据主要地位。通识课程中的通识不是通通都识，而是识通用之识，是给人更大的自由，能拓宽人的知识面的课程，人文课程是通识课程中的核心。

在当前高校中通识课程的比例最多为30%，最少为10%，而在通识课程中，人文课程所占比例极小，除去传统的两课、大学语文这些必修的人文性课程以外，人文课程则更少。大学生对人文知识的获得主要来源于对通识课程的学习，而当前通识课程中有关人文性的课程设置较少，学生所能接受的人文知识有限，对学生成长是不利的。因此，高校应优化调整通识课程的设置，增加选修课程，并适当增加人文课程在通识课程中的比例。

高校要改变通识课程中人文课程因人设课的现状。首先，对于学校的通识课程的设置要有专门的标准和规定，配备可以胜任人文课程开设的教师，而不是过于随意化，以保证人文课程开设的质量。其次，要增加选修课中人文课程可选择的数量，人文课程不能仅仅是对专业课程的补充。也不仅仅局限于传统的文史哲的课程，要完善选修课程中人文课程的体系，使课程内容设置更加合理，符合学生身心发展的规律。选修课程不应该仅仅是专业课程的补充，在选修课程中应该给人文课程留下更多的空间。

2. 提升专业课程的人文性

人文引领的课程，应该彰显专业课程的人文关怀。高校的课程丰富多样，当前高校课程主要分为人文、社会、科学三大类，每一种课程所具有的价值都不相同，但是对人的发展都具有重要的作用，也都可以体现出课程的人文性。人文课程具有人文精神，能够提升学生的人文素养，帮助学生更好地认识"我"；社会课程能够增进人与社会之间的联系，使学生增加与社会的共情，能够从社会角度对"我"有更加全面的认识；科学课程具有科学性、客观性，能够使学生客观地认识世界，科学课程背后的科学精神能促进学生在严谨的科学事实中，不至于放荡不羁，甚至违背客观规律，造成对人类和社会的破坏。因此在具体的课程设置上，应该促进三类课程的交叉与融合，使课程之间建立联系。将课程落脚在对人的关怀上，在专业性课程内容中挖掘人文性的元素，并将这些人文性元素整合成教学内容放到课程中，让专业课程更好地释放本身所具有的人文性。

我们应该赋予专业课程更多的人文性。首先，在大学的非人文专业的课程中，努力挖掘在专业知识背后的精神与文化内涵。使学生在掌握专业知识与技能的同时，能够有崇高的专业理想与专业的人文情怀。其次，在人文专业的课程中，应该摒弃传统过分注重技巧、知识的传授的现象，发挥人文课程对于学生人文精神涵养的作用。课程设计也要依据人的本性（如人的潜能、发展、需要、变化等）来理解课程。当然也需要通过社会来思考课程，但追本溯源社会是由每一个单独的人构成，通过社会理解课程的必要性仍源于人或基于人。透过自然来思考课程亦然，人被自然孕育自然必然恩惠于人，通过自然来理解课程的必要性既源于自然也源于人。

专业课程中包括人文专业的课程，如文史哲等课程，也包括非人文专业的课程，主要是理工科课程，如物理、化学、生物等课程。仅仅依靠通识课程对学生进行人文性的熏陶是不够的，在通识课程体现人文，而在专业课程中"目中无人"的分裂式的教育不利于学生的全面发展。在耶鲁大学开学典礼上校长都会郑重地复述他的传统命题："你们就是大学"，耶鲁大学校长是从"人"来认识和理解大学的，我们要坚信人文引领的重要性与必然性。

（三）体现人文性的高校课程实施

课程实施是将课程目标付诸实践的过程，也是对课程内容进行选择的过程，最能检验课程是否具有人文性，是否真正落实全人发展的重要环节。现代课程对人类具有的普遍关怀应该有深刻的思考，而这种人文关怀关键就是落实到课程实施上，高校课程中呈现怎样的价值取向，可以通过课程实施环节做出判断。

高校课程目标与课程设置的具体设计通常是十分理想化的状态，是对学生能够获得多少知识、形成某种能力、品格、素养的一种预期。但能否在课程中实现这些预期的目标，还需要依靠具体的课程实施。要实现人文引领的课程，既要重课也要重程，课程实施是一个具体的过程，是一个可以不断创设与生成的过程，课程实施中所体现的取向对学生有着有指导性的意义。

1. 课程实施应基于人的特性

教育的逻辑起点是人，教育与人的关系十分的密切。人与教育的关系可以描述为："教育与人或者人与教育的关系最密切，教育的历史最悠久，教育是人类最必须。"教育学是关于人的学问，因此课程、教学中都应该见到鲜活的人，人存在于课程中，课程也存在于人中。在教学过程中，应该遵循人的特性，只有了解人身上存在的客观规律才能够更好地实现人的发展。张楚廷教授认为人具有五大特性："人有自生性，自己生长；人有自增性，自己增长；人有自语性，自己为自己创造语言；人有反身性；人有自美性。"这五大特性是从恩格斯所讲的坚持从世界本身来说明世界，从教育本身来看教育，从人本身来看人，因此充满人学意蕴和哲思。

首先，课程在实施过程中应关注学生的自生特性。人是能动的存在，人有潜在的才能与智慧，是可生长的，具有潜在可发展性。教师在教学过程中不能将学生理解为只会被动接受信息的工具，而是要尊重且推动人自然地生长。

第二，应关注学生的自增特性。"人的身上存在着尚未发展的自然力是能动的，因为人是可发展的。"课程应该发展人的可发展性，因为"人是有意识的存在物"，因此从学生本身出发，考虑学生需要并顺应人的发展是教育发展的推动力。

第三，应关注学生的反身特性。真正的教育源于人，是由人自身派生出来的，并通过自我对象化和对象自我化的方式来发展和获得新的生命。人不仅仅是有意识的存在物，更重要的还具有自我意识或者"我我"意识，所以教育活动过程应突出主客体融合的意义。教育所要展现的基本过程就是学生的反身过程，教育的作用是使学生从最初的我变成更好的我，通过积极的"我我"关系活动获得新的生命。课程实施过程要改变过分侧重学生知识的获得、师生在课堂的互动中以知识交流为中心的现状，要引导学生积极反身，将主体的"我"与客体的知识、社会等联系起来。从对客体的认识中来更好地认识自己，正确认识"我我"的关系，从而变成更好的我。

第四，应关注学生的自美特性，因为"人在以反身为基本方式催动自己发展的时候，最需要的营养剂是美学要素"，"人是造物中最崇高、最完美、最美好的"。人"按照美的规律来构造"，会在找寻美、追求美的过程中寻找不足，不断构建自己；美的要素是人发展中基本的需要。"人是美的存在，人是为美而存在的"，所以教育的真谛是不断地揭示客观实在中必然存在的美，让美进入学生的心灵，满足人天生所具有的精神上的、美的需要。现在课程中更多强调客观事实，缺少美，也缺少对美的引导，课程实施最不可忽视但又最易忽视的就是学生对美的需求，这是最基本的需要。

第五，关注学生所处的环境。"在人的反身活动中，环境是普遍起作用的。"环境对于人的发展进程，尤其对课程实施的过程十分重要，因为人在所处的环境中有主动适应性，所以课程创设的环境和氛围越好，学生能够利用所处的环境把握自我的能力和品质会更好。因此教育要给学生营造良好的学习环境，好的学习环境也是一种好的隐性课程，"自觉的教育工作者还力图使环境成为一种有效的隐性课程，力图使校园成为学生喜爱的一部经典的教科书"。

人的五大特性对应人的五大公理，即存在公理、能动公理、反身公理、美学公理、中介公理。这五种特性以及对应的五大公理都有着深厚的人文性，回到了人本身，体现了对课程的哲学思考。课程实施只有贴合人的特性才能够真正地体现课程的人文性，只有真正顾及人的需要才能真正实现课程的价值。

2. 课程实施要促进学生智慧的生成

课程最终的目标是使学生变得智慧，不断地自我生成，从而获得新的生命。课堂教学过程是课程实施的重要部分，教学过程中要注重师生之间关系的和谐和相互依赖，把学习者的兴趣、意志、经验、情感放在重要位置。改变传统课程实施过程中重智轻人，知识占主导而不见人的现象，要丰富课程的人文性。课程实施的过程是十分灵动、充满智慧与思想交融的过程。在课程实施的过程中，教师需要处理教材、学生、环境、师生等多方面不断生成的信息，但这些信息都应以学生为中心。我们应该跳出传统课程实施局限于教学计划的实现、按部就班的教学思维模式，让课程变得更加灵活，能够不断地生成。

第一，课程不仅仅呈现知识，教师要提供比知识更为广泛的信息。信息在理论上是有限的，但是在感觉上是无限的。个人的情感、信念、态度和期待都可以作为信息在课程中传递，既是明示的，也可以是隐喻的。让学生获得宽广的信息比单纯的课程知识有更加重要的作用，这样的课程中收获的不仅仅是知识，更是超越知识的智慧，是体现人的课程。

第二，课程教学中应关注学生直觉能力的培养，直觉与逻辑应共生共进。"直觉是人文的强项，因此人文课程应该在整个课程体系中都发挥作用。"直觉是一种独特的智慧，直觉常常与逻辑相对，都是属于思维的行列，直觉属于创造性思维，往往具有"整体性、迅捷性、易逝性与创造性"。直觉与逻辑不是相互冲突，而是互补的，"逻辑代表左脑的理性分析，直觉代表右脑的感性交流"。教学要注重发展学生的逻辑思维，但是不能顾此失彼而忽视对直觉能力的培养。教师应为学生直觉思维的培养创造环境，鼓励学生勤思、举一反三和触类旁通，鼓励学生自由地想象与自由地表达。

第三，课程教学中应注重学生质疑能力的培养，质疑重于聆听。教学应该始终伴随着质疑，质疑在教与学的过程中具有重要作用。歌德说："人们总是在知识很少的时候才有准确的知识，怀疑会随着知识一道增长。"所以教师应该摒弃传统的课程中的过分注重聆听和灌输的教学方式，而要引导学生主动的质疑，表达出疑问，然后发现、提出问题、进行自我探索，并尝试去解决问题。质疑与知识相伴，学问在学"问"中获得，"学问"即学着发现问题。我们不能轻易否定学生的"质疑"，质疑是学习不可缺少的一部分，课程与教学的真谛是使学生学会质疑。

"信息、兴趣、质疑、直觉、智慧"是张楚廷提出的教学理论思想的五个关键词，这五个方面看似是相互分离，实则联系是十分紧密的。信息、兴趣、质疑、直觉、智慧每一个词都代表了课程教学过程对人应有的重视，在课程实施过程中应是十分重要的，但是也是时常被忽视的。课程实施可以是从学生的兴趣或质疑出发，或者从课程某一个信息点出发。学生的兴趣与质疑本身即是一种信息，在质疑与兴趣生发的过程中直觉则伴随课程实施的始终，能够十分及时地感受课程的信息并连接客观事物，从不断感受的过程中便生成了智慧。课程实施过程要注重在课程中提供广泛的信息，尊重学生的兴趣，鼓励学生质疑，重视学生的直觉，帮助学生变得更加智慧。

3. 注重隐性课程的人文熏陶

隐性课程包含丰富的人文性，隐性课程是大学课程建设的重要环节。在高校中，人文引领的课程强调既要关注显性课程中的人文性建设，还应该重视隐性课程所独具的人文性，隐性课程是十分重要的人文课程。学校应建设好校园文化，发挥隐性课程的重要作用，并积极利用隐性文化的特质，对学生进行文化的熏陶。隐性课程是人文课程中非常重要的组成部分，是一种体验和感受，具有文化熏陶、浸染的作用，能够很好地与人文性相交融。

课程实施要积极发挥隐性课程的作用，但隐性课程往往因不像专业课程那样体系完整、能及时地见成效而被忽视。比如，图书馆的藏书量、学校历史上所诞生的优秀的人才、学校建筑、科研设备、教师的言行等都是隐性课程的重要内容，都渗透着浓厚的人文性，无形中陶冶学生的人文情操。课程实施过程可以利用学校这些隐形的资源，让课程更加生动，浸透更多的人文性，为学生健全人格的培养起促进作用。"关注隐藏课程，赋予其以更丰富的文化内涵，成为提升现代课程人文向度的重要方面。"隐性课程犹如大学的门面，尤其隐性文化可以彰显大学生丰富的内涵，是不可或缺的人文性课程，并非可有可无的。许多有着悠久的历史和独具文化特色的学校，是历经时代的洗礼、有着深厚历史文化奠基并形成了独具特色的隐性人文精神的学校。这些有时代感的学校可能从日常课程与教学中很难看出与其他学校的差别，但是从其隐性课程与文化中看却存在着明显的差别，"一些学校的珍贵之处就在它高质量的隐性课程"。所以一所学校对于人文课程是否重视，可以通过观察这所学校的环境中是否透露浓厚的人文气息。比如，哈佛大学不仅仅是扑面而来的哈佛红建筑令人赏心悦目，更多的是学校建筑里满载的知识和真理，学校历代都有十分优秀的人才涌出，有着瞩目的成就，令人十分震撼，心驰神往。这种渗透着的文化气息和带给人的震撼就是隐性课程，身处其中的学生思想和行为会在无形中被这些文化的影响，因此积极的文化熏陶会带给学生积极的影响。有些学校模仿哈佛的建筑特色而建设校园，努力彰显出浓郁的哈佛气息，其实就是为了能够营造一种良好的人文环境，让学生从中接受人文性的熏陶，从而激励学生更加奋发向上。

三、创新高校专业课程管理

（一）综合定位课程目标

1. 依据职业岗位需求定位

一般来说，课程体系总目标是从宏观层面确定专业人才培养的方向，同时也为专业核心课程目标的确定提供依据。例如，旅游高等教育作为培养专门旅游人才的重要途径，其课程建设中的总目标自然是培养具备胜任旅游专业工作岗位所需的职业能力的优秀复合型人才，同时兼顾不同的岗位对人才的职业能力需求各有不同的现实状况。针对本科旅游管理专业人才输出对应的主要是旅行社、旅游规划公司、文旅集团、旅游酒店等的核心岗位，旅游院校应针对旅游企业、旅游酒店、旅游科研院所以及其他旅游集团分别设置课程目标，并考虑不同的专业核心课程根据不同的目标培养学生不同的核心岗位能力。只有保证旅游管理专业的课程目标与岗位需求相一致，才能针对行业的职业岗位需求精准地输出人才，增强学生的就业竞争力。

2. 依据学生发展需求定位

由于课程建设的受众是学生，故在设置课程目标时在一定程度上应该考虑受教育者个人的发展需求。与此矛盾的是课程目标多根据政府规范性文件或行业发展需求制定，更多强调统一性和协调性，却较少考虑学生个人发展需求。"00后"大学生的个性鲜明，学生的学习目标和学习需求各有不同。因此，课程目标的设置应该考虑到学生本身的个性化发展需求，为学生的多元化和全面化发展提供条件。具体来说，①可以结合学生的职业规划、就业意向或发展方向将学生群体进行分类，并分别设置不同的课程目标；②实施自主选课制度，由学生根据自身特点和条件选择课程，进而增强个性化的课程目标的实现效果。

3. 依据学科、学校和地域特色定位

虽然课程目标是学生经过一个阶段的系统学习后所要实现的具体目标，但学生对目前的课程目标并不十分满意。现有目标定位模糊、缺乏学科和地域特色，各个高校的课程目标整体上来看大同小异，导致学生培养和学校发展的同质化现象严重，人才培养和办学竞争力低下。因此，高等院校应该结合自身特点，充分发挥各自办学优势，以实现高校课程目标的特色化。一方面，不同院校可以结合自身办学特点和学科背景，将相关学科的优势资源引入到课程教学中，如北京第二外国语学院的语言类学科背景、东北财经大学的财经类学科背景等都可以应用于专业人才培养中；另一方面，不同地域的院校可以结合所在区域的文化特色和区位条件，制定特色化的课程目标，如沈阳师范大学地处沈阳，可充分利用沈阳故宫、张氏帅府等景区资源条件，完成学生的特色化课程目标设置，以提升学生的综合素质。

（二）精心凝练课程内容

高校学生对课程内容的前沿度、难易度和实用性的认可程度相对较差。因此，从前沿度、难易度和实用性三个方面对课程内容进行优化，有利于高校专业课程内容设置的更加合理化，进而切实满足学生的发展需求。

1. 实现新旧知识融合

高校各类专业课程内容陈旧、缺乏创新一直是教育界面临的重要问题。虽然各个院校针对相关问题做出了改进，但"知识更新速度远低于行业发展速度"的问题仍旧存在。基于此，要想保证课程内容的前沿度，应该从以下三个方面着手：①从教师的层面，应及时关注和搜集相关专业的最新消息和前沿动态，并融入日常的课程教学内容之中，形成动态的课程内容更新机制；②从学生的层面，要积极利用信息化时代的便捷学习工具，通过网络或其他途径及时掌握行业发展的最新状况，并将线上与线下学习内容有效融合和把握；③从教材的层面，作为课程内容的要素之一，教材也应该及时更新，将书本教材与电子教材相结合，以满足学生的全面发展需要。

2. 准确区分重点难点

课程内容的难易程度直接影响着学生的学习情绪和学习结果，然而，当前高校专业的课程内容设置却存在重难点模糊或表面化的现象。许多课程对重难点的划分根据教材、教师或学科整体要求，而未充分考虑学生的需求和行业发展的需要。因此，为了改善这一现状，应该根据高校专业课程的特点，准确区分各门课程的重点和难点。具体来说，①教师要根据课程难易程度进行区分性教学，对重点难点内容进行详细讲解，对一般知识内容进行简要讲解，进而使学生明确课程学习的重点；②教师在课程评价过程中针对不同难易程度的知识点采用不同的测评或评价方式，以保证学生能够较好地接受和掌握。

3. 紧密联系行业实际

高校学生对课程内容是否实用比较关注，而高校专业课程缺乏实用性也一直是各个院校面临的难题。因此，紧密联系行业实际，提升高校专业课程内容的实用性已经刻不容缓。一方面，可以加强理论课程的整合，提炼出专业的核心内容。有效的课程整合不仅能够使教学资源利用最大化，同时精选课程内容也能够使学生的学习达到最优化。另一方面，可以加强理论课程的实训内容，即通过情景模拟、布置任务或实物演示等方式让学生参与体验，将所学理论转化为实际所需技能，进而为未来就业奠定基础。

（三）调整优化课程设计

高校专业课程的开设顺序、各类课程的比例和各学期的课程数量设置仍存在问题。因此，有必要就课程比例、课程数量以及课程开设顺序等方面存在的问题予以优化。

1. 合理划分课程类别比例

目前大多数高校都以公共课与专业课、必修课与选修课、理论课与实践课为分类标准。其课程设置基本呈现"金字塔"式的结构特征，即公共课门数少、课时量大，必修课和理论课较多，实践课较少，选修课门数较多但课时量和选课数受限制，这就造成了学生的学习"泛而不精"和"学而无用"的问题。因此，有必要进一步协调各类别课程的比例，以使课程设计更加均衡合理。首先，就公共课与专业课来说，应适当整合缩减公共课程的课时，以为专业基础课、核心课留有充足的时间；其次，就必修课与选修课来说，专业必修课是为学生的长远发展奠定理论基础，专业选修课则是为学生的个性化发展服务，因此，要适当加大选修课的比例和学生的可选课门数，以促进学生的身心全面化发展；最后，就理论课和实践课来说，要在现有课程的基础上增加实训课程的比例，创新课程实训的方式，同时调整专业实习的时间，按照课程特点设置不同岗位、不同形式的实习，以达到"随学即用"的效果。

2. 精心规划学期课程数量

均衡的课程比例对课程设计具有重要作用，但目前大多数院校公共课和专业必修课所占课时较多，忽略了专业选修课和实训课程的比重。因此，未来各院校应该对课程数量安排进行调整，增加专业选修课和实训课程的开课比例，而不是将其作为公共课程和专业必修课程的辅助。公共课方面，可适当缩减政治与体育课程数量，增加计算机与英语课程；专业课方面，可压缩整合必修课程，"找核心，讲重点"，将有限的课程利用得更加充分，同时增加选修课门数和数量以及学生自主选择的权力；实训课方面，可结合该门课程的实际需求，在理论课结束后即时开展实训课程，以便加强学生的理解和运用能力。

3. 科学设置课程开设顺序

合理的课程开设顺序是课程取得良好效果的保障，这就要求课程的开设顺序要以学生的心理发展规律为前提，遵循课程内容的逻辑顺序。一般遵循"由简到繁、由抽象到具体、由理论到实践"的规律，循序渐进地进行课程的设置与实施。具体来说，大一年级设置政治、英语、体育等公共课程和专业的基础课程，大二设置理论性较强的专业课程，大三则设置实践性较强的专业课程，同时大二大三穿插相应的专业选修课程，或根据课程需要进行短期实习，大四则主要为实践性课程，包括毕业实习、论文撰写等。只有这样，才能使课程设计整体更具合理性和科学性，进而保证大学生人才培养的质量。

（四）完善创新课程实施

高校课程实施中的教学目标、教学设计和教学方法三方面仍有待改进。因此，从这三个方面进行课程实施的优化，将有助于提升学生的学习效率，进而提升高校大学生人才的输出质量。

1. 注重提升学生能力素质

课程实施过程中的师生地位问题始终是一个极具争议的问题。长期以来，教师始终被认为是课程实施的主体，传统思想观念难以快速转变，这就导致了目前的课程实施仍旧以教师"灌输"为主，学生缺乏主观学习意识和思维创新能力。因此，为了使学生主动学习、全面发展，就要尽快转变观念，遵循"学生主体、教师主导、师生互动"的原则进行教学实施。首先，在教学观念上，坚持以学生为中心，在课程实施过程中多关注学生的心理和情绪变化，多考虑学生的参与程度，积极引导学生参与讨论、表达观点，以激发学生课堂学习的积极性；其次，在教学方法上，教师应根据课程内容和学生发展阶段的特点，采用适当的教学方法，尤其是对互动教学法、情境教学法等引导性较强的教学方法的应用，以引导学生主动思考、发现和解决问题。

2. 创新线上线下教学模式

数字化经济时代的到来打破了传统课程实施局限于课堂教学的现状，"MOOC＋SPOC"为主的线上线下混合教学模式逐渐被越来越多的院校所接受，微课、翻转课堂等也成为当前教学技术改革的主要趋势。因此，旅游管理专业也应进行相应改革，采用线上线下混合式的教学模式，打造旅游管理专业的"金课"体系，以快速、全面地提升学生培养的质量。具体来说，可以在教学中采用"MOOC视频讲授＋教师课堂应用"相结合的方式，即线上平台完成知识体系构建，线下课堂进行针对性训练和补充。此外，通过MOOC的在线讨论、评价或作业布置等功能，教师可以在充分掌握学习者学习情况的基础上，有针对性地进行课程指导。这种"知识、思维、能力"共同培养的教学模式不仅能增强学生自主学习的能力，同时也能够提升教学效果。

3. 强化第二课堂实践效果

"第二课堂"是基于第一课堂提出来的，对于高校专业课程来说，"第二课堂"的构建主要可以从联合培养、全域实习、社会实践等方面着手。就联合培养来说，一方面可以开展"校校合作"，加强与国内外相关高校的联系，举行人才交流和互相培养的活动和项目；另一方面可以加强"校企合作"，将原有的合作企业范围扩大到外企、国内外知名企业等，为学生提供对外实习平台，以培养学生的国际视野、国际语言和业务能力。例如，旅游专业的全域实习，学校作为学生专业实践的组织者，横向上应该积极地与不同类型的旅游或酒店企业建立联系，扩展学生的实习平台，纵向上则施行"短期＋轮岗"的实习模式，使学生在限定的实习期内尽可能多地体验不同的岗位，实现人才培养与各类旅游业需求的完美对接；就社会实践来说，可组织同学尽可能多地参与各类社会实践活动、专业竞赛、创新竞赛等，通过竞争和比较认清自己与他人的差距，进而努力提升自身能力。

（五）科学实施课程评价

高校课程评价的依据、内容、时间和结果等的设置仍有需要改进和优化之处，因此，从上述四个方面提出优化建议，以期进一步提高学生对课程评价体系的认可度，提升人才培养的质量。

1. 以行业现状为依托

目前，高校专业课程评价仍旧以成绩为主，对学生操作技能、职业能力等的考察为辅，甚至不做相应考察，这就导致学生形成了"唯分数"思想，而忽略了对其他能力的关注和锻炼。因此，为了更加全面地考察学生的综合素质，应以能力本位为评价标准综合考核学生的各方面能力，主要评价依据包括三个方面：①学生对基础知识和基本技能的掌握和运用能力；②学生的职业能力、文化素养、服务能力、应变能力、创新能力以及团结协作能力等；③学生的意志、人格、情感与个性等非认知因素。只有确立科学合理的评价依据，构建多层次、多维度的评价体系，才能对学生的学习和发展给出正确有效的评价，进而提出促进学生全面发展的建议。

2. 以学生发展为宗旨

高校专业课程评价均采用书面考试的形式对学生进行总结性评价，但这种单一的评价方式已经难以满足学生全面化发展的需求。因此，以能力形成的渐进性为依据采用过程性评价和总结性评价相结合的评价方式将更有助于激发学生的学习积极性和新鲜感。其中，总结性评价仍以理论考核的形式为主，如卷面考试、论文撰写等。而过程性评价则可以使考核形式更加多元化：①日常作业提交网络化，如运用网络教学平台上传文本、音频、短视频等作为日常考核作业；②考核形式创新化，如通过竞赛等专业技能竞赛考核学生的职业技能，或通过布置作业使学生完成情境模拟任务，考核学生的职业能力；③考核过程实践化，如鼓励和指导学生参加科研竞赛、社会调研等实践活动。只有过程评价与总结评价齐头并进，同时关注学习的过程和结果，才能及时发现和解决问题，进而帮助其健康、全面地发展。

3. 以科学公平为原则

课程评价对课程建设起着重要的效果监测作用，而评价时间则是保证监控有效性的重要因素。目前大多数院校都采用总结性评价，评价时间通常设置在学期的中期，进行中期考核，或设置在期末进行统一的考试。此种评价方式存在两方面不足：①评价不够及时，很难及时发现和解决学生在学习过程中遇到的临时性难题；②总结性评价多采用纸质试卷形式，通过量化打分进行考核，很大程度上由任课老师一人决定成绩，存在一定的不公平现象。因此，课程评价应改用过程性评价与总结性评价兼用、质性评价与量化评价兼具的方式，构建科学化、高效化的评价体系，以保障课程评价的及时化和公平化，进而对学生的整个学习过程起到良好的监控和管理作用，以保证学生的效率与效果。

第五章　现代高校学生管理的创新发展

新时期社会形态发生重大变革，互联网大数据的发展，带来了西方意识的冲击，由于新生代大学生的特点，无论从外部环境还是自身修养，高校学生管理工作已经迫在眉睫。如何做好现代高校学生管理工作，为我国提供全面发展的优秀人才是着力研究的课题。本章分为现代大学生的特点、现代大学生成长成才的路径探索、现代高校学生管理的特征与作用和现代高校学生管理创新发展的策略四个部分，主要包括现代大学生的特点、现代大学生成长成才面临的问题及原因、路径探索、现代高校学生管理的特征、现代高校学生管理的作用、现代高校学生管理新趋势和现代高校学生管理新策略等。

第一节　现代大学生的特点

一、现代大学生

在新时代的教育中，在教育客体及各种复杂因素的影响下，高等院校的学生呈现出新的特征。新时代大学生身处社会经济高速发展，网络大数据时代蓬勃发展已经社会性科学发展突飞猛进的浪潮中。从整个生长环境和成长过程中，都是孕育在相对于社会环境开放共享的时代中。当代高校学生本身具有容易吸收新鲜社会事物、探索好奇心强、追求新鲜刺激、学习创造能力强的特点。同时，由于我国社会发展因素的影响，新生代的高校学生大部分还是独生子女的一代，生活自立性不强，吃苦耐劳程度较低。

在当今社会层次梯度逐渐分明的时期，高校学生因地区性的差异、社会成长环境的差异造成的心理性失衡，也日益凸显出来。

当代大学生有一个响亮的昵称，即"00后"，也就意味着当代大学生都属于 20 世纪 90 年代出生的，年龄都在 20 岁左右，是正处于青年时期的年轻人。

这个时期的青年生理上发育成熟了，但是心理的发育还有待成熟。首先，他们希望别人对待自己像成年人那样的方式，但是自身缺乏社会阅历，独立处理事情的能力较差，认知事物的能力也较差，并且心情极易受到外界因素的影响，缺乏忍耐力；其次，开始大学生活后，生活方式上有了巨大的变化，不仅仅平时生活中的事情需要自己处理，连学习的方式也发生了改变，过去的被动式的学习演变为主动式的学习，一些学生可以很快地适应这种变化，但是有的大学生适应能力较差，一下子接受不了，因此产生了一些心理矛盾，甚至导致心理疾病；再次，大学中流行一句话"毕业等于失业"，严峻的就业压力、激烈的竞争环境，学生的心理承受不了现实中存在的巨大差距，这也是当代大学生的特征。

当代大学生是一代走向成熟但尚未成熟的年轻一代。他们的同龄人一般都有一些共同的特点：从生理方面来讲，他们已经具备了进行社会实践活动所需要的体能；从心理方面来讲，他们也已经形成了个体独特的价值观念和完善自我的能力；从思维方面来讲，他们已经从经验型向理论型思维转变；从情感方面来讲，他们的情感更加丰满和沉稳；从行为方面来讲，他们的自控性、自主性和自觉性已经表现明显。这一代正处于朝气蓬勃、敢做敢当、充满理想、准备实现其人生价值的关键时期。

当代"00后"大学生与20世纪七八十年代成长起来的大学生相比，不同的是，他们是在中国改革开放的浪潮中生活和成长起来的一代，一直在呼吸着改革开放带来的新鲜空气；在接受传统中国文化和中国式教育的同时，又受到改革开放后新的思想观念、新的价值观念的影响。

新时期，大学生思想品德的转变引发了人们深切的思考，不断给予分析和评价，并提出自己的看法。一部分人否定改革开放对大学生所带来的不良影响，没有仔细地分析研究就为他们的转变表示认可，甚至在转变发展过程中显现出来的一些不良因素也当作"正能量"而加以认同；另外一部分人认为大学校园中广泛存在着拜金主义、享乐主义和个人英雄主义等现象，特别强调当代大学生所表现出来的不良现象，否认大学生的进步，笼统地认为大学生思想品德教育一派杂乱，由此判断推出"一代不及一代"等错误的评论。在新时期社会转变的过程中，作全盘否认或者全盘认同的观点都是片面的，界限模糊，评价失准，因此这些观点都脱节了大学生的现实发展，很难得到大学生群体的认可。

总的来讲，在改革开放年代成长起来的大学生，视野更加宽广，接受知识信息更加迅速，精神世界更加饱满，参与社会活动更加积极，人际交流方式和经验更加丰富多样。相比 20 世纪七八十年代的大学生，他们的社会化程度更加成熟。虽然他们精神面貌的转变是复杂多样化的，但是他们总体的发展方向和诉求是健康向上的。他们的道德观正在从以前的传统、封闭、单一、顺从转变为现代、开放、多元、独立。他们反感没有激情的日子，讨厌封闭的生活，喜欢开放的社会活动，拥护竞争，并参与竞争。他们知道竞争要担当风险，也许会被淘汰，但是他们觉得机遇与风险同存，成功与失败并存，愿意承受失败所带来的一切影响，努力获得成功，愿意展示自己的才能，做一个有开拓、进取、拼搏和创造精神的社会主义接班人，以此获得社会对他们的认可和接纳。

基于以上这些特点，高校学生管理工作必须在原来的传统模式中进行创新，以适应新时期高校学生的学习特点。

二、现代大学生的特点

（一）思想认识多元化

随着人类社会的发展，人们对自身价值越来越重视，主体意识不断高涨，并逐渐达成共识。社会经济的发展和资讯的发达，各种意识和价值概念也逐渐在学生中流行并发挥巨大的影响，学生也表现出日益强烈的平等观念和主体意识。目前的高校学生更加注重个人价值的实现，注重个人选择和强调个性的发展，渴望成才、渴望独立、渴望得到关注和尊敬。

同时，因为高校学生获得信息的多元性，学生所接收的信息都是未经筛选过滤的，再加之大学生都会有猎奇的心理，缺乏对信息的准确判断，难免会有不良信息，造成学生的身心遭受垃圾信息的污染，部分不法分子利用网络传播媒介的快捷性和传播迅速的特点，大学生缺乏网络安全自我防范意识，导致大学生往往是不法分子瞄准的对象。这也极易诱发大学生思想意识的变化，从而做出伤害自己或者他人的过激行为。

高校学生的思想意识形态在当代呈现多元化，由于个体对整体世界、社会的认知不同，加之目前的网络平台具有平民化和交互性强等特性，在传播和交换信息时往往可以不受限制。由于缺乏有效的信息监管，使网络自媒体平台上信息传播的随意性问题日趋严峻，对大学生的思想认识正确引导产生的负面影响日益凸显。

自媒体的虚拟性也是影响大学生心理健康的因素之一。新媒体的虚拟性社交是互联网社交的一个鲜明的特点，虚拟性可以使网民在社交过程中塑造另一个或多个完全与现实生活不相符的新身份。大学生可以利用自己虚拟的另一个身份进行社交，宛如进入到另一个全新的世界，畅游在网络世界里，寻求刺激。在这样一个的世界中，自制能力不够强大的大学生往往容易沉迷于虚拟世界无法自拔，无法与现实世界区分开来，严重影响正常的现实生活。

有时一些舆论通过平台会使人们进入一种言论失序的状态，主要表现为信息失真的各种不良信息，因自媒体的传播迅速的特点使舆论难以控制，极易形成舆论热点。大学生的主观意识极强，容易被嘈杂的信息所带入，从而影响大学生对待事物的正确判断力，继而影响当代大学生的心理健康。

在自媒体和互联网快速发展的当下，泛娱乐化的现象在生活中无处不在，主要表现为传播内容的娱乐化。为了迎合青少年的追星或娱乐需求，网络自媒体平台中的独立媒体乐此不疲地报道明星在现实环境中的现状或娱乐圈的八卦丑闻，甚至在特殊时期某些政治题材的新闻也会被不良媒体娱乐化。

此外，受当前社会新闻事件和自身环境，以及社会宏观发展趋势的多方面影响，高校学生在价值观的建立上也呈现多种形态，个体逐利性较为明显，对个人思想道德意识的约束方面相对宽松，使学生娱乐、享受的苗头上升，抗外部干扰能力差。

（二）生活学习方式多样化

中国互联网络信息中心发布了《第46次中国互联网络发展状况统计报告》，报告中显示"截止至2020年6月，中国网民数量高达9.40亿，互联网普及率持续上升至67.0％"。其中，手机作为自媒体的网络媒介成为拉动中国网民数量持续走高的中坚力量。2020年6月，我国手机网民规模达9.32亿，网民使用手机上网比率高达99.2％，使用电视上网比率为28.6％，利用台式电脑、笔记本电脑、平板电脑上网比率分别为37.3％、31.8％和27.5％。从报告中有力体现出当今大学生成为手机上网群众的主力军，自媒体的出现给高校学生管理工作带来空前的机遇，同样也面临着不可忽视的挑战。《关于进一步加强和改进新形势下高校宣传思想工作的意见》指出"我国已把加强高校意识形态阵地建设作为一项国家战略工程"。自媒体已经广泛应用于大学生群体，高校的学生管理工作必须与时俱进，开拓创新，从管理方式和方法上做出创新。显然，自媒体是最符合发展趋势的工具。

自媒体时代的快速发展使相关媒体产品成为学生必不可少的日常应用，当代大学生的日常不再是局限于象牙塔般的校园，由于自媒体所带来的资讯是开放且多元化的，学生获取信息的渠道更为多元，获取信息更加便捷。根据调查报告显示，大多数学生的资讯来源于自媒体，每天大学生的上网时长中用来检索信息或者浏览信息的时间所占比重较大。这有助于学生拓宽知识面，了解时事新闻。

在中国互联网信息中心发布的《青少年上网行为报告》中，青少年使用率前三的自媒体平台分别是微信、QQ和微博，从这些自媒体的特征可以反映出这三者都是综合类的社交平台，服务功能不断增强。自媒体对大学生的吸引力之强，其中重要的原因之一就是强大的社交功能。社会中的每个人都不是独立存在的个体，相互之间都会存在一定的联系。联系是建立在个体之间信息交换和情感信任基础上，自媒体作为当代人际交往中的重要媒介，它在人际交往之间体现出来的是平等和便捷，这使得大学生可以大胆表达内心最真实的想法。这种交往不受身份的限制，可以避免生活中的尴尬，无形中扩展了大学生之间的沟通和交流空间，有助于大学生的人际社交。作为经典的社会交往综合型软件，微信公众平台、微博等自媒体充分发挥了当下自媒体的通用特性和社会性服务网络的功能，促进了自媒体平台中使用者的交往与互动。自媒体的综合性发展使其信息内容更加的丰富，涉及面不断拓展。例如，微信公众号的平台上，多数教育机构或学术周刊或高校官方微信公众号平台相继上线。用最直接的实例来看，2020年全球新冠病情的蔓延，导致学校大面积无法复课；在互联网的数据时代，各地方教育部门积极组织了网络授课，利用互联网将学校的教学内容输送给学生。自媒体学习服务多功能的发展使当代大学生随时随地做到及时学习。利用手机即可获取知识，自主安排学习进程，调节学习节奏，增强学习自主性，缓解学习压力。虽然高校的学习氛围相对于初高中而言轻松许多，但是面对日益紧张的竞争压力，学生往往在面对压力或心理问题时难以寻找出正确的路径去解决问题，进而出现的心理压力或负担逐渐增加的恶性循环。自媒体平台的开放性以及内容多样性和良好的互动性，使得遇到问题的学生能够找到适合的方式解决，缓解了因学习而产生的学习压力。

（三）性格特征复杂化

现代大学生的性格特点是非常复杂的，这里有着传统教育体制形成的弊端。比如，俗话常说："授之以鱼，不如授之以渔。"在当今的大学生群体中间，很多学生因为缺乏主动学习的意识和自主学习的能力，学习适应能力较差，要么无所适从，要么随大流，荒废了大好青春时光。

同时，大学生的世界观、人生观和价值观尚未成型，猎奇心强，求知欲望强烈，在这种情况之下学生的选择通常带有盲目性，常常因为一时的好恶所左右，选择的科学性有待商榷。

此外，在应试教育的大环境影响之下，长期以来无论是教师、家长还是学生本人，过于看重学生的学习成绩，把考试结果作为评价学生的唯一指标。这种观念也对高校学生管理模式造成一定的影响。很多大学的学生入学前学习成绩一直在省里或市县的中学里名列前茅，是家长眼中的好孩子，老师眼中的尖子生，同学中间的佼佼者。他们的人生经历往往一帆风顺，几乎没有碰到过什么挫折。但考入大学后，他们身边的同学都是同龄人的优秀者，竞争相对激烈，会导致部分学生的成绩出现较大波动。这个时候这类学生就会出现的较大的心理落差，有些心理素质较差的学生会产生失落的情绪，从而影响学习状态。如果此时不能及时调整，久而久之会陷入恶性循环。更有甚者，因为嫉妒等情绪的影响，某些高校甚至出现了诸如投毒事件、自杀轻生等在社会造成恶劣影响的极端事件。

现代教育学研究表明，"00后"大学生由于受成长环境等因素的影响，表现出比以往任何时期更加强烈的自我意识和自主意识，他们渴望通过参与学生管理成为学生管理模式中的主体。但是，长期存在的弊端即学生实践能力差又制约着大学生的手脚。著名物理学家杨振宁先生曾就中美学生进行过一番比较。在谈到中国学生时，他说："这些学生学习起来非常刻苦、守规矩、按部就班、循序渐进。所以，基础知识系统、丰富、扎实、擅长考试，学习态度也非常谦虚。但他们却普遍存在动手能力差、胆小、怕出错、不善于选择研究课题、不善于提出问题、崇拜权威等缺陷。"

第二节　现代大学生成长成才的路径探索

一、大学生成长成才面临的问题

（一）育人体制落后

高校学生管理模式的落后严重制约了高校"育人成才"这一基本功能的发挥。目前，我国很多高校学生管理模式的启动方式都是来自上级行政主管部门的规范性文件或者指导性文件的，一般往往是由上级行政主管部门所设计的某一活动主题或者安排的某一职能性或者功能性的角色任务；管理模式的组织架构复制于学校其他类似的行政管理的架构，通常是学校设置同一领导班子，把各种职责层层布置到院系，最终在基层根据具体任务细分为几个职能机构或者职能小组分别完成上级要求中的几个任务细分，一般每一个机构或者小组的设立对应一个具体的任务细分；从管理模式的设计到最终执行之前，对学生始终是"暗箱"操作，学生往往被置于被管理者或者某一活动考察对象的地位，学生对管理模式的设计不具有任何发言权；凡是带有权力性质的职能职位（如打分、认证、记录，甚至在监督上还要在被监督部门和学生之间设置专门的联络员）全部由非学生的高校学生管理的行政职能人员、教师或者被极大程度行政化的学生干部担任，在参与活动和管理活动两个领域保持泾渭分明的人员配置分水岭；沟通方式是标准的行政式问答，即类似于行政机构下级部门向上级部门的投诉方式和下级对上上级越级进行举报的方式。这种方式的特点在于，学生一旦遇到问题，无权自行认为这种问题是不合理的，也无权采取本地化的解决方案，必须采用格式化的书写（或者电子邮件等）方式将问题呈报，然后等主管部门的答疑后，才可以根据主管部门的最终解答来判断并得到最终解决方案。

　　基于刻板呆滞的学生管理模式，高校学生的鲜活特征和学习实践自主、自发性受到极大的压制，导致学生对高校内学习兴趣的缺乏，对管理的反感。同时，滞后的管理模式使得高校老师逐渐丧失对学生的责任心，师生间缺乏有效地积极的正向沟通，在学业和综合素质培养上缺失了良好的先天条件，导致育人能力不高，显示出高校的学生管理不当引发的育人体制滞后。

（二）"团队精神"集体性缺失

　　"团队精神"成为新时期大学生素质培养的重要组成部分。整个社会对人与人之间沟通合作的要求，大学生大多是独生子女造成的先天不足、独来独往、离群索居的校园生活方式，个人化的学生考评方式，都使得团队精神成为大学生亟待培养的素质。

　　对大学生进行团队精神的培养不仅可以满足时代的需要，还可以有效地提升整个大学生思想政治教育的效果。第一，可以有效地加强大学生之间的团结和合作精神的培养。第二，可以有效地促成大学生形成民主意识和平等参与的公民精神。第三，可以有效地帮助大学生培养规范精神和纪律观念。第四，可以有效地帮助大学生融入社会和进行人生规划。第五，可以有效地增强大学生的心理承受能力和心理健康。团队的概念并不是很容易把握的，西方学者对团队理论做了大量的研究。

　　团队概念的内涵是拥有一个共同的目标，其成员行为之间相互依存相互影响，并能很好地合作，追求集体的成功。1962 年日本科学家及工程师协会注册第一个质量管理小组，以此为标志，日本企业被认为是最早引入团队工作模式的国家。20 世纪 70 年代，日本的质量控制方法在美国大受欢迎。受到日本全面质量管理（TQM）计划的影响，美国人采用了团队管理的形式以顺利推广这一计划。"集体主义"历来是我国传统儒家思想的精华。这种东方文化的结晶与团队管理的精神是一致的，为我国开展团队管理工作积累了优秀的文化和价值土壤。霍桑试验及人群关系理论、勒温的群体动力理论、马斯洛需求层次理论、群体规范和凝聚力、群体凝聚力等理论和概念发展和丰富了当前的团队理论。相对于高校学生管理工作过去一直对学生坚持的爱国主义、集体主义和社会主义教育而言，对"团队精神"的培养是一个舶来品。团队精神的集体荣誉感在当代高校学生身上产生群体性缺失。

（三）管理过度刚性阻碍学生个人发展

强调人才管理和人才培养，一直是我国高等学校学生管理的重要指导思想，《关于进一步加强和改进大学生思想政治教育的意见》更是再一次明确指出：大学生是十分宝贵的人才资源，是民族的希望，是祖国的未来。加强和改进大学生思想政治教育，提高他们的思想政治素质，把他们培养成中国特色社会主义事业的建设者和接班人，对于全面实施科教兴国和人才强国战略，确保我国在激烈的国际竞争中始终立于不败之地，确保实现全面建设小康社会、加快推进社会主义现代化的宏伟目标，确保中国特色社会主义事业兴旺发达、后继有人，具有重大而深远的战略意义。但是，在实际的高校学生管理工作中，由于我国高校长期受行政管理风格的熏染，思维惯性上将学生作为管理的客体对待，管理往往刚性过强，管理中强化了对合格达标和整齐划一的追求，更多的精力用于完成行政性指令和指标，较易忽视学生自身发展的实际需求，缺乏专业的调研精神和虚心听取采纳学生意见的机制，使得人才管理极易蜕变为"人才管理"。也就是说，来自上级指导文件中对高校学生管理的定位由于不可能细化为细致的学生管理模式设计和操作规范，并且在具体的落实过程中高校缺乏足够的激励为其配置相应的机制创新和机制设计，最终高校学生管理工作定位的实际落点往往还是学生日常管理工作，而对于学生成长成才素质拓展这一部分的工作在资源的投入和支持上一旦遇到学校资源不足的情况往往为战略设计所忽视。正是因为如此，目前高校学生管理模式是在渐进式的试错和应急的方式下逐步形成自己的特色和惯例的，而在宏观上缺乏专门的设计和战略的反思，一些机制创新的思路和经验没有得到总结和推广，其原因正是在于以这种方式形成的学生管理模式与传统中的高校学生管理具有良好的匹配性和相互间的适应性，从而获得制度上的刚性而不易接受创新机制带来的改变。

二、大学生成长成才的路径探索

（一）法治化发展

"蓬生麻中，不扶自直；白沙在涅，与之俱黑。"一个良好的、法治的校园氛围对于法治思维的培育和形成至关重要。现代大学生对于自身的发展有着无比鲜明的具体目标性，同时具有非常独立的个体思想意识和自主意识。大学生的全面健康发展的首要任务就是要规范他们的行为意识和思想意识的合法性，具有社会道德性。因此，在高校管理学生的过程中应当营造法治、文明的管理氛围，这有助于学生成才。

法治思维培育应与建设法治校园同步，首先要做的就是优化校园环境。建设法治校园、优化校园环境、改善校园风气，在校园中懂得扬弃，树立优秀榜样，舍弃不良思想。在校园中营造一个和谐、法治、文明的校园氛围。值得特别注意的是校园法治氛围的建设不是一蹴而就的，是一个循序渐进的过程，需要长期的学习和积累。建设校园法治风气要从每一位学生、每一位教师的点滴行动做起，要从加强最基础、最关键的学生管理做起，集中资源、集中精力，将校园建设成为一个和谐、法治校园，营造良好的校园氛围。

依法治校是依法治国的重要组成部分；是依法治国理念在高校落实的体现；是把学校的教育管理工作和学生管理工作纳入法治轨道，推动教育事业长足发展的重要保障。在法治建设和高等教育改革发展的新时期，维护学生合法权益是高校管理学生的根本目的之一和实施学生管理工作的基本原则。注重维护学生权益，首先体现在鼓励和支持学生自我管理和参与学校事务方面。为学生参与到学生管理工作提供屏障，更好地维护以受教育为核心的大学生的合法权益。

高校学生管理是依法治校的重要组成部分，是高校推进依法治校进程的切入点，对于高校学生管理具有重大的现实意义。依法治校视野下高校学生管理就是将依法治校的理念引入到高校学生管理中，亦是高校学生管理的主体在"以人为本"的管理原则和"科学立法、严格执法、公正司法、全民守法"的法治理念下，依照法律法规、部门规章和学校内部规章制度，由专门机构和人员及学生从事的有组织、有计划、有目的教育、服务和管理，对学生开展教育管理的组织活动过程。在依法治校的视角下进行高校学生管理是法治精神在学生管理中的体现，保证了学生管理的开展在法治轨道上。全面推进依法治教，是高校学生管理现代化的需要，也是建设社会主义政治文明的必然要求，更是现代高校培育学生的必要路径。

（二）提升教育质量

高校教育质量建设是一项非常复杂的系统工程。它包括高校教育过程中的方方面面，既有宏观的又有微观的，既有精神层面的又有实践层面的。

21 世纪以来，提高高等教育教学质量是我国高等教育发展的主旋律：2001 年 8 月，教育部下发了《关于加强高等学校本科教学工作，提高教学质量的若干意见》，提出了 12 条加强本科教学工作、提高教学质量的措施和意见，得到全国高教战线的广泛拥护和认真落实；2004 年 3 月，国务院批准了《2003—2007 年教育振兴行动计划》（简称《行动计划》），其中"高等学校教学质量和教学改革工程"是《行动计划》的重要组成部分，此《行动计划》指出，教育部将按照"巩固、深化、提高、发展"的方针，巩固成果，深化改革，提高质量，保持持续、健康和协调发展，并把提高高等教育质量放在更加突出的位置；2005 年 1 月教育部印发了《关于进一步加强高等学校本科教学工作的若干意见》，为进一步加强高等学校本科教学工作、实施高等学校教学质量与教学改革工程提出了 16 条切实可行的意见；2010 年 7 月 8 日，中共中央、国务院印发了《国家中长期教育改革和发展规划纲要（2010—2020 年）》（以下简称教育规划纲要）。《教育规划纲要》指出，"提高质量"不仅仅是教育总体战略中工作方针的重要内容，而且是未来 10 年高等教育的第一重要工作。十多年来，通过国家、地方教育行政部门和高等学校的共同不懈努力，我国的高等教育质量得到了显著提高，高校在教育软硬件建设上也取得了显著成效（硬件包括图书、教学设备、建筑面积等；软件包括师资、学科专业课程设置、办学理念、人才培养模式等）。

但是回顾过去，我们为提高高等教育质量所做的努力不难看出，高等教育质量建设工作仍有许多偏颇和盲区：重视教学硬件和教学形式的建设，忽视以课堂教学为主的具体教学过程的改革；重视高水平师资队伍建设，忽视教师的教学观念转变和教学能力的提升；重视教师和"教"，忽视学生和"学"等。这些问题仍旧在不同程度地制约高校教学质量的提升。

现代的与时俱进的教育观念在教学目标上注重能力的培养，对人才培养目标规格认识准确到位：在能力培养上注重理论与实践相结合，在师生关系上民主平等，和谐共鸣；在教学手段上充分利用多媒体技术；在教学组织形式和方法注重多样化和灵活性。在这种教育观念指导下的教学活动，教师能够理解知识，指导学生学会学习而不是单纯地把知识传授给学生就完成任务；学生也可通过教学活动自己主动建构知识，真正实现能力的培养。大学生的学习观是学生个体对知识、学习现象和经验的直观认识。其发展经历了从客观主义到建构主义倾向的顺序，但学习观的各个维度的变化并不是同步的，这是由于大学生自身学习经验、所学专业、课堂教学以及学校和社会文化等因素的影响而造成的。学生的学习观反过来对学习成绩、认知过程及策略、自我调节以及学习动机具有重要的影响，因此学生学习观的转变应当成为大学教学的一个重要目标。关注教师和学生的教学观念，这里有三层含义：①教师必须拥有科学合理的教学观念，按照新时期人才培养的要求进行教学。②大学生必须拥有合理的教学观念，根据人才培养目标、规格以及科学的学习方法进行有效的学习。③教师和学生还必须形成一致、兼容的教学观念。这里所说的"师生一致、兼容"的教学观念是指教师和学生在教学实践活动中有共同的价值认同，即在教学目标的设定、教学内容的增删、教学手段的变革、教学计划的修订、教学评价方式的设计等方面有共同的认识和理解。

只有树立正确的与时俱进的人才观、知识观、质量观、教学观、教师观、学生观、交往观等教学观念，真正改变陈旧的教学目标和教学内容、落后的教学方式方法和僵化的师生关系，才能使高校教育改革取得更大成效，真正地实现教育质量的提高，完成时代赋予学校的培养高水平人才的使命和责任。

第三节 现代高校学生管理的特征与作用

一、现代高校学生管理的特征

（一）政治性

高校学生的管理工作与我国社会思想政治要求本质上的目标是一致的，都是为了培养合格的社会主义建设者与接班人。高校的思想政治工作为学生的管理工作提供了精神上的支持；而高校的学生管理工作为高校的思想政治教育提供了物质上的保证。两者相互协作，相辅相成。帮助高校大学生树立正确的世界观、价值观、人生观，确定正确的价值取向，是高校学生管理工作的首要任务。

钱学森教授留下了这样一个令人深思的问题：为什么我们的学校培养不出

创新型人才？这个被命名为"钱学森之问"的问题引起了国人和教育界对中国高等教育质量的大讨论。

哈尔滨工业大学校长王树国教授在说过这么一句话："我是研究机器人的，希望机器越来越像人，但作为校长，我担心把人培养成机器。"

"钱学森之问"和王树国校长的话实质上一针见血地道出了当今我国高等教育普遍存在的一个问题：人才培养质量下降，大学生缺乏学习动能，价值观建立具有不确定性，缺乏创新精神和创新能力。人才培养是高校最核心的职能，而教学又是人才培养的主渠道。高校的学生管理工作一定要把培养人才作为高等学校的第一职责。学校和教师都要把主要精力放到搞好教学和培养好学生上。科学研究也是高等学校的重要职能，但要与教学和培养人才紧密结合。

现代高校学生的管理工作已经逐渐完善树人和育人的有机结合。在营造学习环境和社会文明环境上双管齐下，为大学生的自我管理和成才提供有力保障。

（二）针对性

20 世纪 90 年代早期，"学生管理工作"一词正式被提出。随着高校数量和规模的不断发展，国家对大学生不断扩招，学生工作被赋予更多的职责，其内涵也不断充实。最初高校学生管理工作由教师兼任发展为现在的专职辅导员，随着事务性工作的不断增多，从最初单一的学生思想教育到关注学生的多方位发展，有组织、有计划的管理和服务学生。学生的管理工作包括建立严格的行为规范制度，学生工作中的服务就是开展一系列的活动以帮助解决学生在生活上或学习上的困扰，促进学生的全面发展。学生管理工作的内涵是学生管理部门为了使学生全面发展，提高学生的综合素质而开展的一系列具有针对性的，有利于身体与心理健康成长的活动。大数据时代背景下，高校学生管理工作的概念将有所升级，管理方式和途径的扩宽使学生管理工作向逐步细致化的路径发展。高校学生管理者对大学生在校期间，针对学习和生活规范管理而进行的一系列活动，为学生提供良好的学习和生活帮助，促进学生全面发展的活动，具有鲜明的管理服务对象。

（三）科学性

高校学生管理工作应当遵循科学、公平、平等的原则。这也是高校管理建设维护稳定的重要工作基础。尤其在针对学生个体的具体管理工作过程中，更应该做到管理有水平、服务有特点、反馈有实效。一般情况下，学生的各种学习奖金申请的管理需要走审核流程，将奖励的方案细化，进行公开、公平、公正的评定，科学地引导学生健康的消费观和价值观，以及调节学生良好的心理状态，达到完成优秀的学生管理工作的目标。对于每次审核，首先需要学生申请，经过班级单位或者院系单位的评定程序后，再报批给管理员，初核通过后上报高级管理员，最后复核通过后，流程结束。

面对现代高校学生的管理工作，比如奖学金、助学金、勤工助学等机制，需要全方位的思考。这不仅仅需要细化有关的评分机制，更要使机制透明化，对于获得了奖励、鼓励和支持的学生要引导其健康的价值观，不能奖项一旦到手就去大手大脚消费，而要倡导理性消费，要用到刀刃上。比如更好地提升自己，多参与大赛，多学习技能，再接再励、不断超越、勇攀高峰。对于未获奖的学生，要做好心理辅导，给予鼓励，希望不断努力、不断赶超。同时，对获得奖励的学生，应该建立监督机制，讨论和制定适合的规则约束，严格要求获奖的学生，尤其是高级别和高奖励的获得者，要求获得者按照评定要求高标准规范自己的生活和学习，做好榜样带头作用。当有违纪违规的情况发生时，讨论是否应该按照公示的规则收回有关的奖项和称号，正确和合理地规范高校奖学金的正面作用。作为全校的榜样，全面接受监督，在个人综合的行为数据上给予关注。

（四）时代性

互联网大数据时代的到来，引发我国乃至全球社会生活的变革。高校的整体发展也会顺应这一时代特点产生变化。针对目前我国高校发展整体环境特点，高校学生的管理工作也具有了社会时代的特点。

在中国，微博、QQ和微信平台即将成为高校利用自媒体应用于学生管理工作的有效途径。高校利用自媒体平台通过个人发布信息进行公开交流和信息分享的途径对大学生的生活进行相互了解，这些途径极大地影响了大学生及学生工作管理者的沟通方式。

QQ、微博和微信是中国目前使用用户最多的综合型网络社交应用。其中，根据调查，QQ是高校辅导员应用于学生管理工作的重要工具之一。对学校文件的传输、消息通知，以及解决学生生活上或学习上面临的问题，高校学生管理工作往往或建立QQ群或微信群的方式，去帮助学生解决一系列的问题。通过QQ软件的分组等功能，可以将不同类型或存在不同困难的同学进行分组，以轻松交流的方式，有针对性地解决他们的实际困难，帮助学生树立正确的价值观，以帮助他们顺利解决问题。微博是实现即时分享信息的一个基于用户相互关联，传播分享信息的网络平台。在高校学生管理队伍中，辅导员是学生管理工作队伍的主要成员，他们的工作往往繁杂而琐碎，无论是外界的认可还是自身的认可，程度都较低。辅导员可以通过微博或微信平台可以展现学生管理工作中的工作状态，表达自己的工作感受和工作心得，通过这样的方式提升外界对学生管理工作的认同感。学生与高校管理者都可以阅读学生管理工作的自媒体平台，深入了解学生管理工作者的重大责任，从而加深师生之间、学生管理工作者之间的了解程度，促进师生之间关系的和谐发展。

二、现代高校学生管理的作用

（一）育人成才的作用

从历史发展角度来看，高校学生管理工作改革的过程是从早前单纯强调政治思想教育，到现代化高等教育中对学生的教育、管理和服务三大内容并重的转变。这一重要的转变使学生管理工作的使命成为：培养全面发展的高素质社会主义建设的人才。从此，高校学生管理工作者的工作目标逐渐清晰，对高校学生管理工作重要性的认知得到进一步强化。学生管理工作的性质决定了被赋予很多使命，随着高等教育的日益发展，时代赋予高校学生工作的使命就是不断完善高校学生管理制度，从根本上加强学生管理工作，从教育、服务和管理三方面解决问题。

我国目前处于提倡素质教育的大时代，学生的全面发展是国家的重要发展战略。高校学生管理工作者的基本工作使命就是对学生的学习和生活进行有效的管理和服务。高校的教学事务和学生管理是高校培养人才的必要途径，高校以培养德、智、体全面发展的建设者和接班人为己任，贯彻执行了党的教育方针，是实现高校基本任务和培养目标的必要措施。党和国家的教育方针，即学生管理的最终目标。因此，学生管理水平的高低、质量的优劣，对学生的培养有直接性的制约作用。此外，学生管理工作对于提升学校的内部凝聚力和外部综合竞争力都具有重要意义。

（二）稳定社会环境的作用

随着我国各项事业的快速发展，高等教育也由精英教育向大众教育转变，这也给高等教育的学生管理工作带来新的挑战。在传统的学生管理中，学生风险一般来自人身安全风险、学业风险和就业风险、财务风险等多个方面。但是随着科技的进步，高校的扩招，学生的数量和质量的快速变化，高校学生管理中的风险已经超出了传统的风险种类，特别是基于传统视野的学生安全风险可能通过网络的传播，快速形成新的风险种类。其中，舆情风险、校园贷风险、就业风险等问题就凸显而出，这种风险危及了高校的学生管理工作，为社会、高校舆论、社会稳定、高校稳定以及金融发展的稳定带来隐患。因此，高校学生管理不仅要面对传统的高校问题进行管理，而且要针对新的问题种类发生进行有效管理。

高校学生管理中的挑战主要来源于两个方面，①高校内部基于传统的教学管理环节上，如学生考试压力排解问题，就业问题等；②来自社会化的问题，如舆情风险、校园贷风险等，这对于高校管理中的学生工作也是一个严峻的挑战。因此，高校就是一个社会的浓缩，学生全方位的发展过程中，任何环节出现问题，都会引发蝴蝶效应或者集体效应，对社会稳定造成影响。在现代大学制度下，完善的管理工作体系将会促进社会的稳定。

（三）增强复合能力的作用

我国高等教育的目的是培养全面发展的社会主义接班人，把学生培养成有"中国梦"、有理想、有远大抱负和身心健康的复合型人才，这是我国长久以来的目标。作为一名合格的当代大学生应该具备的基本政治素质是：具备爱国主义精神、坚定不移的社会主义信念和积极拥护中国共产党的领导。将中华民族的优良传统和文化发扬光大是每个大学的责任所在。作为高校的学生管理工作人员，提高大学生的科学文化素质是不可推卸的责任。大学生必须具备完整的素养知识体系，养成良好的学习习惯，保持长久的求知欲望。自媒体的发展能够为此传播正确的价值观和人生观，提高高校学生管理工作者对学生思想教育的实时性，引导大学生身心健康成长。

高校学生管理工作的重要使命之一就是要发展学生的智力，帮助学生的素质全面发展。当下一致认为发展学生的智力应该是课堂教学和教师的责任，但高校学生管理工作者同样肩负促进学生智力发展的使命。当前，我国高校学生管理工作应重视大学生的通用复合技能的培养与强化。一般意义上，强调通用技能不等同于专业技能，它是能够在各个领域中都能发挥作用。英国里丁大学认为"通用技能应该是最重要的基本技能，包括信息处理能力和问题解决的能力、与人沟通交流的能力、数字能力和团队工作能力"。现如今我国人才市场竞争机制日趋完善，高校学生管理工作部门应与学校教学部门等其他相关部门共同探讨、共同研究高等教育的使命，在具体的时间过程中体现出高校学生管理工作的人才培养的工作使命。在管理理念的层面上，高校学生管理工作必须明确学生为管理主体，让性格各异和各有所长的学生有不同程度学习生活的自主权和选择权，以此培养顺应现代社会发展要求的人才。

第四节 现代高校学生管理创新发展的策略

一、现代高校学生管理等的主体变化

（一）环境的新变化

在信息技术不发达的时候，高校学生管理一直处于半封闭的状况，很多校内发生的事件在处理的时候往往消化于内部，并不会波及社会层面，而在网络资讯传递速度如此迅捷的今天，高校学生管理对于公众来说是完全透明的，甚至很多突发事件，公众和媒体获得信息的时间比高校学生管理部门更早，对突发事件的处理不仅吸引公众的眼球，很大程度还决定了高校在社会大众心目中的形象。因而很多事件的处理由纯粹的内部的行政事务性质转变为附带有高校处理公共关系和公共形象的公共事务性质，这就造成原有的一些简单原始的管理技术必须相应地进化为能够得到公众理解和支持的管理艺术，对于高校学生管理的工作者提出了极高的要求。

与此同时，自媒体不仅仅对学生的日常及学习产生巨大的影响，对高校的学生工作、教学工作的影响也极为深入。自媒体平台对高校学生管理工作而言可谓是一把双刃剑，如何发挥其积极作用，如何将自媒体平台创新性地应用到学生工作中是高校面临的新挑战。

信息技术的发展、网络生活的普及给人们的生活和行为方式带来了巨大的冲击。根据中国互联网络信息中心提供的资料，我国网络用户的数量激增，其中高校学生所占的比例在50％以上。网络是把"双刃剑"，一方面它给高校学生学习和获得信息开辟了新渠道，为学生提供了更为广阔的空间选择和接受各种思想文化的平台；另一方面，网络也给腐朽落后的文化和有害信息的传播提供了滋生的土壤，大学生痴迷网络，致使少数大学生精神空虚、行为失范，有的甚至走上违法犯罪的歧途。

（二）管理对象的新特点

随着互联网科技和自媒体的不断发展与创新，以手机为主的移动网络媒介深深影响着人们的思维模式和价值取向。显然，在信息化的时代，自媒体以不可阻挡的态势影响着各个领域。如今高校大学生作为年轻群体的代表，自媒体显然成为当今大学获取信息、发表言论的重要场域，同时逐渐成为新一代的"精神寄托"。

从以上现状可知，如何更好地运用自媒体开展高校学生管理工作，如何加强自媒体建设，使其与高校学生管理工作紧密地联系起来，如何通过自媒体平台提高学生管理工作的效能，这都是亟待需要解决的问题。

二、现代高校学生管理创新策略

（一）管理政策创新

2005 年，教育部颁布了新修订的《普通高等学校学生管理规定》（以下如无特别说明，简称"新《规定》"），新《规定》和之前颁布的《教育法》《高等教育法》共同为我国高等教育法治化确立了明确的方向和要求。相比之下，我国高校学生管理工作是滞后于高等教育法治化这一大趋势的。

首先，高校学生管理工作受到东方传统教育文化中缺乏自由、平等、人权等现代社会及现代教有所需要的价值观念与精神特质的影响，在传统中形成行政权力膨胀、人治观念扎根很深，重权力轻权利，操作中强调实体忽视程序，特别是对于间或出现的突发事件没有形成规范的操作，随意性很大。

其次，学生管理工作中经常以道德代替甚至超越法律作为处理学生事务的依据，往往以社会大众的思维方式来评价学生的行为，强调自身作为管理者所具有的惩戒的权力，而忽视了自身也同样作为教育管理者所具有的教育帮助的职责，无形中抹杀了学生得到教育管理者最终保护和人文关怀的权利。

最后，学生管理工作中缺乏法治意识但又喜欢借助于法律工具的权威效力，大量的学生管理工作者喜欢为学生制定各种规章规范，但是这些规章规范的制定一方面缺乏科学的规制技术，用语含糊，表述混乱，缺乏操作性和具体标准，自由裁量范围极大，另一方面又缺乏对学生合法权利的保护，只规定学生的义务不规定学生的权利，只强调对学生的权力而避而不谈自身的具体权责。例如在新《规定》颁布以前，很多高校还在校规校章中写入类似"在校期间擅自结婚而未办理退学手续的学生，做退学处理"这样的规定，新《规定》针对这一明显与目前国家基本法律相抵触的做法予以特别强调，学生能否结婚，根据国家《婚姻法》和《婚姻登记条例》执行。根据新《规定》，高校学生管理的任务包括"维护普通高等学校正常的教育教学秩序和生活秩序，保障学生身心健康，促进学生德、智、体、美全面发展"，管理方式为"以培养人才为中心""依法治校"和"管理与加强教育相结合",这就为高校学生管理从内容和形式上都提出了全面的要求,需要高校学生管理在实践通过改进和创新做出实际回应。

同时,在创新的管理政策指导下,还应当探索新型学生管理模式,将高校学生管理工作内容和职能全部整合到学生工作部(处)和校党(团)委中,由分管学生工作的校领导(一般为党委副书记或副校长)统一领导。按照学生管理工作的具体职能,学生工作部(处)下设思政教育中心、事务管理中心和发展服务中心三个中心,校团委下设组织宣传部、科技创新部、社团实践部和人文艺术部四个部门。新型学生管理模式组织结构图,如图5-1所示。

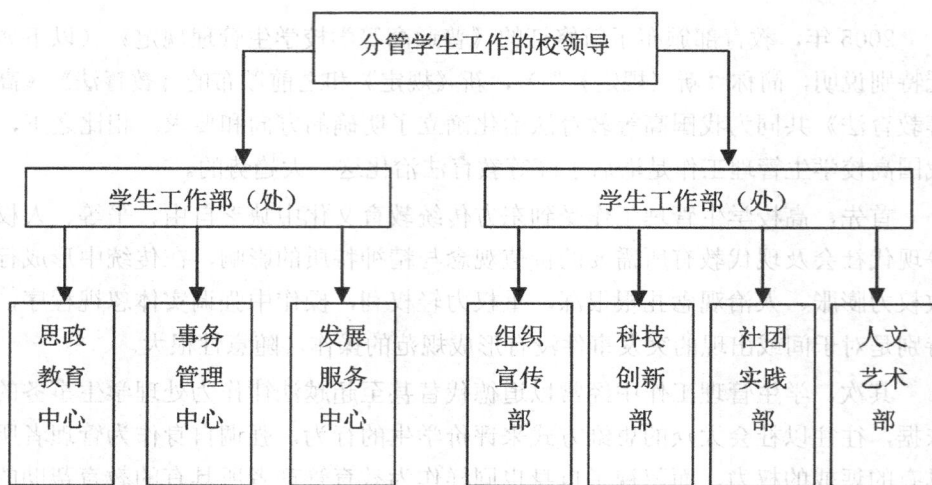

图5-1 新型学生管理模式组织结构图

(二)管理模式创新

1. 引导自我管理

众所周知国外的教育管理理念都是以自由开放,主张个性的张扬。以英国为例,对于高校学生管理工作的重要目标是为学生提供更好的服务。因此英国在学生管理工作中全面奉行"以人为本"的观念,以学生全面发展为中心。正是因为充满人性的学生管理工作方式,使得英国各大高校的学生管理工作氛围尤为活跃,充满生机。

无论是老牌的牛津大学还是新兴的萨里大学,都强调"以学生为主体"的大学文化教育观。力求学生全面发展是英国高校学生管理工作永远的追求。例如,在自媒体平台建设的应用上,英国坚持以了解学生作为首要任务,也从满足学生多样化的需求为出发点，积极建设自媒体平台。根据学生需要学校提供的信息、服务的内容等，加强自媒体平台信息发布的针对性，从而促进学生学业的发展以及个人未来的发展。

长期以来，我国的高校学生管理工作习惯采取管理者进行管理是主体、学生作为被管理者是客体的工作思路，忽视学生作为主体的一面，管理规则设定得比较僵硬，处理方式以刚性指令为主，单方面强调学生的义务而忽视学生的自我实现的要求，强调学生对于管理的服从和理解而忽视对学生的服务和辅助，这就与学生渴望得到理解和信任的心态相冲突，往往形成管理者觉得学生偏激难管，而学生觉得管理者与他们毫无办法沟通，缺乏服务精神。

营造浓厚的大学校园自主管理文化是一种创新管理方式。文化是人们行动的奠基石，它是指引我们各种行为的潜意识。高校应通过典型案例、文化宣传等多种手段，在校园里营造浓厚的自主管理文化氛围，让全体学生、教职员工都能参与到学生管理活动中来，倡导一种"以学生为本，引导学生自我全面管理"的管理模式，这是我国高校学生的管理模式创新发展方向。

现如今，我国大学生素质不断提升，大学生组织逐渐发展壮大，大学生的主体地位也得到了空前的提高，以高校工作为重点的制度建设也加快了步伐，这使大学生参与到学生管理工作中就具备了现实可行性。同时这也是学生自主管理的延展。学生参与到学生管理中去就是学生直接或间接地参与到学生管理工作中，参与的范围是学校；参与的权限是高校学生管理拥有的权力；参与的内容是与高校学生管理自身相关的工作和相关政策制定；参与的主体是专职教师和学生。

回顾大学生参与到学生管理工作中的历程，不难发现，无论是其自身的知识储备还是综合实力，都显示出大学生能力的不足。"其身正，不令而行；其身不正，虽令不从。"大学生想要维护自身权益就要从自身做起，切实提升自身能力。能力的提升不是靠纸上谈兵就有的，要将知识转化为行动，促使自己不断提升。

大学生参与学生管理是一个由浅到深、由简及繁的动态过程，因此能力的提升不是一蹴而就的，是在自身能力基础之上参与学生管理过程中的点滴累积，而且与相关教育和培养息息相关。"实践出真知"，笔者认为高校应该积极引导、鼓励大学生多参与社会实践活动以此培养社会适应能力和自我管理能力，同时在这些实践中认识到自身不足，从而树立正确的自我意识和主动性、主人翁意识。唯有在参与到学生管理的实践中，大学生才能锻炼出独立思考、遇事冷静、处事果断、合作共赢的工作作风，从而提升自身能力。应该注意的是，高校的专职学生管理者应该清晰地认识到大学生虽然具备一定的学生管理的能力，但仍然处于发展中，必须在实践中加强引导，树立正确的价值取向，使知、情、意、行协同发展，共同推进大学生的行为能力。

2. 提高学生管理工作的标准化

标准化是现代高校学生管理工作的特色之一，时刻要求高校学生管理工作系统及精细化。这反映在高校学生管理工作的整个系统中都有相应已成熟的标准，围绕统一的管理标准，统一的人才培养目标，使高校学生管理工作富有节奏性而充满活力。现代高校学生管理工作的标准化主要体现在学生的入学到毕业就业的一系列工作内容，如当新生入学后，高校学业咨询部门根据学生入学成绩分别来展开学生工作，将学业有困难的学生展开相关帮扶工作。高校不应该将学生管理工作部门和教务部门分开，要将学习和生活管理联系得更加紧密，使与学生相关的各项事务内容更加丰富。对于心理咨询部门来说，应该在新生开学和毕业之际对学生进行相关的心理测试，关注学生心理动态，通过管理平台和学生进行思想交流与沟通，打破时间与空间的限制，避免面对面交流的尴尬，将工作做到精细化。

3. 学生管理工作法制化

纵观我国高校，学校对学生的任何行为都负有责任，无论是教育的体制问题还是社会对学校承担责任的认知问题，一旦学生在校期间出现问题，根据具体问题具体分析，首先学校会承担相应的责任。但是遇到突发或特殊事件，如自杀事件、知法犯法事件学校依然要承担责任。例如，当下高校频繁曝出的校园贷事件，学生盗用同学身份在贷款平台上多次贷款最终无力偿还，学生家长要求高校要负责，诸如此类事件，高校无法根据具体的法律得到相应的支持。反观一些国外高校，虽然没有对高校学生管理事务进行立法，但有明确的规章制度准则，学生与高校之间有明确的权责关系。高校大学生在校期间受到学校规章制度的约束，这些规章制度涉及学生在校期间的方方面面，学生与校方也达成共识；学校规章制度与法律的要求相一致，加深了学生的法律意识。

由此可见，高校对学生不应该对方方面面承担责任，应当只是承担部分管理责任，一旦学生触及法律层面，将由外界部门介入管理，高校不再负责。高校学生管理工作应该加强学生的法律意识，同时也要将高校学生管理工作也逐渐建立具体的规章制度，与法律挂钩。

4. 稳态动态管理相结合

高等学校肩负着人才培养、科学研究、社会服务、文化传承创新的重要历史使命，高校的定位决定了它不应该仅是一个自成体系封闭的小社会，而是一个海纳百川充满活力的大社会。高校的社会化程度越来越高、开放程度越来越大，高校的管理工作无论从规模上还是复杂程度上比以往任何时期更应注重管理的动态性。高校学生管理作为高校管理的一个重要组成部分，根据国家和社会对人才培养的要求，在管理理念上要开放包容不要闭门造车，管理模式上要实行动态管理而不是静态管理。因此各高校在实施学生管理新模式中间，应根据学校类型特点的不同和人才培养目标的差异，注意管理模式内外环境和条件的变化，实现稳态管理和动态管理的有机结合。既要在稳态中突出灵活，又要在动态中保持稳定。高校学生管理新型模式既要打破原有的封闭模式，实现开放管理，更要注重动静结合，实现学生管理模式的稳定性发展，同时在发展中不断完善创新，不断适应社会需求和高等教育发展的需要。

（三）管理手段网络信息化

建立网络信息化管理系统的主要目标是提供全面的学生管理的解决方案，实现提升管理质量和效率的问题。人工的方式明显不适应目前学生众多的背景，而且检索、维护和更新面临极大的挑战。寻求如何改进学生信息管理的效率，是高校需要探索的问题。当前而言信息化建设方案满足这些诉求。因此，就实际情况而言，高校学生信息系统的趋势就是要开发一个功能完善，操作简单，界面友好，有针对性的大学生管理系统。

1. 统筹规划完善信息管理机制

高校做好学生管理的信息化建设，从长期发展的角度出发，在高校战略发展规划的指导下，由学校层面进行统一的统筹规划。只有由学校统一布局，进行全盘考虑，才能实现整个学校的信息管理与学校的发展同步、与学校的实际相符，实现整体良好的效果。高校的信息化建设，除了由学校主导，提供强有力的技术支持和资金保障，还要综合各部门的力量，协调各部门的关系，在信息管理系统的应用上促进部门间的横向沟通、合作，不能每个部门独立做一套系统，相互间不能融合。在引进系统时应全盘考虑，对信息系统建设进行综合集成建设，校内网、校外网以及相关数据库要能够实现互通互联，实现各部门间的信息共享和交流。

2. 强化行政人员现代化技术运用能力

信息化专业人才对实现高校的信息化建设起着至关重要的作用，针对行政人员现代化信息技术运用能力不强、技术水平不高的问题，高校要着力加强信息化队伍的建设，培养现代化信息技术专业人才，做好人才保障工作。高校首先要转变行政人员对于信息化技术不理解或抵触的情绪，提高行政人员信息化科技的意识，使其充分认识到信息化建设的重要性和必要性；随后，针对行政人员进行有组织、有计划、有目标的培训，加大对行政人员信息技术运用的培训力度，提高行政人员的信息收集、数据分析等方面的能力，加强信息技术人员的团结协作意识，共同做好高校信息化建设工作。此外，引进专业人才，为信息化技术的使用和推广做好技术保障，切实通过对信息技术的充分运用，提高行政人员的工作效率，优化行政管理手段，最终实现行政管理效能的提升。

（四）管理内容创新

1. 树立依法管理的法治理念

在高校学生管理中依法管理就是要求参与学生管理工作者在管理过程中尊重法律的权威，体现法律信仰、法律理念，树立法治思维。无论是在日常的学生管理活动中，还是做出处分时、执行处分过程中都要处处体现法治精神。"刘文燕诉北京大学案"充分证明依法管理的重要性。特别要注意的是，高校学生管理在法治轨道上顺利的前行，是以优秀的、专业的学生管理工作者为支撑的，因此学生管理工作质量的高低与从事学生管理者的素质的优劣息息相关。新形势下的高校学生管理工作者，要摒弃之前重人治、轻法治，重实体、轻程序的思维模式，切实提高依法管理的意识。唯有管理者知法、懂法、守法，谙熟有关高校学生管理的法律条例规定，知晓相关法律程序，才能真正做到依法管理。因此，高校学生管理者要做到依法管理的前提是知法、懂法，唯有知法、懂法了才能在学生管理过程中守法，才能捍卫学生的合法权益，使学生有一个成长成材的法治天地。学生管理要做到依法管理，就需要明确所依之法具体是什么。首先，学生管理工作者作为人民需要遵守一般法律：宪法、民法、刑法、教育法等，这些是规范人们最基本的日常生活的法律。其次，高校学生管理工作者作为一个特殊的职业，隶属于高等教育领域，因此要遵守与教育领域、高等教育领域和高校学生管理相关的法律规范，如《普通高等学校学生管理规定》《学位管理条例》《高等学校学生行为准则》以及学校内部的校规校纪、规章制度等。

在依法治校的视野下进行高校学生管理除了需要学生管理者知法、守法，更为重要的是要树立、强化学生管理者的法治理念、服务意识。"法治理念是一种现代化的理性而科学的法律管理理念，它是现代主体普遍的法律思想、法律理想、法律信仰和法律终极目标等意识或者观念的总称，其也是法治或者法的精神方面。"法治思维的培育不是强制性的灌输，而是长期的潜移默化；法治理念不是口头上形式，而是融入实际行动的潜意识。郭树勇在《法治思维的养成》中提到"法治思维的养成，就个人而言，是社会主义公民的基本修养；对一个民族而言，则是一项十分艰巨的系统工程和历史性任务"。因此，对法治思维的培育而言，不管是对于学生管理的工作者还是高校学生管理的对象都是任重而道远的。高校学生管理的主体和客体都要重视法治教育，并在实践中夯实法治思维的养成。让大家意识到只有不断完善自身的法律知识、健全法治观念，才能提升自我。高校可以通过加强对学生管理工作者的法律培训、进修等方式，或者实地学习、模拟训练、同行交流、研讨等多种渠道，使学生管理工作者了解自身的不足和缺陷，了解学生的基本需要和诉求，从而具有丰富的实践基础和比较系统的法律知识、法治意识。实践出真知，只有经过实践，否定之否定，才能形成良好的法治理念。从当下做起，从规范日常生活中的行为做起，加强法治实践锻炼。在实践过程中发现与法治理念相矛盾之处，加深对法治观念的认识，从而从中巩固自身的法治意识，提高自身法治水平。

2. 规章制度

健全的规章制度是高校管理工作健康发展的根基。良好的机构建设是为实现高校学生管理工作目标的有效保障。为了加强学生管理工作，学校应成立全校—学院—系—班级多级学生管理工作机构，配备相关工作人员，达到人员岗位工作职责明确，定责到人。学校管理机构要确定学生管理目标，研究学生管理的政策，确定阶段性工作重点，定期分析管理效果。

健全学生管理工作的规章制度。首先，应对现有制度进行审核。发现现有制度存在的不足，及时地对制度进行更新工作，做到制度能跟得上管理的发展步伐；其次，要加强学生管理的考核工作，建立健全学生管理工作的考核制度，监督制度，通过制度的完善和制度的规范，努力修补的管理制度漏洞。

信息沟通渠道是现代高校学生管理工作建立高效的必要途径。畅通的信息沟通确定是实现学生管理目标的必要手段。要做好学生管理信息沟通工作，需要做好三个层面工作。①学校内部要建立畅通渠道，从纵向看，学校对学生管理信息渠道要上至校级领导，下至班级信息员，做到信息沟通顺畅；从横向看，要使各个部门横向沟通渠道畅通；②要建立学校与家长的信息沟通渠道，做到学生管理信息的及时传达，如学校应建立和学生家长的信息沟通平台，实现"校—家"双方的及时双向沟通，鼓励家长对学校的学生管理工作提出自己独到的建议；③要利用现在的多媒体传播手段。高校要充分利用新媒体与学生、家长和社会进行沟通。学校可定期在学校网站、BBS论坛等传播载体上发布学校关于管理工作的相关信息，也可以利用微信、QQ、微博等方式与学生、家长或其他利益群体实现一对一、一对多的互动。

3. 服务体系

学生的主体性表现在学习生活中所表现出来的自主性和创造性。高校学生管理的主体是人，实践的对象也是人。在高校学生管理中主体与实践对象的关系，是人与人的能动性、创造性关系。首先，高校要提升服务意识。高校学生管理活动中，参与学生管理的群体要意识到重点在于服务，而非管理。管理强调一方服从于另一方的组织安排，而服务指的是两个平等主体之间的互动。目前高校学生管理中正是缺少了这种服务意识的或者只是在"走过场"。因此，树立服务的管理理念、增强服务意识、提高服务质量迫在眉睫，而且高校教师面对的是成人化的学生，民主的管理方式对高校教师的管理更为重要。其次，大学生是实践的主体，高校学生管理坚持"以人为本"的管理理念。要坚持以大学生为高校学生管理实践活动的主体，高校学生管理要始终坚持在教师主导下，以学生为主体开展学生管理工作，并在过程中注重增强学生与学校管理部门、学生与教师、学生与学生组织、学生之间的沟通和协调的能力，加强学生社会实践能力，提高学生参与高校学生管理的热情，调动学生的积极性，促进学生全面发展。再次，大学生是高校学生管理中的价值主体，高校学生管理坚持以学生为主体，坚持以学生为价值之本。在学生管理过程中积极引导学生正确认识和处理好自身与周围事物的关系，从而在过程中实现自我价值。在这种价值关系中，价值主体以它内在的价值需要对价值客体的价值属性做出感受和判断，两者互为表里，相辅相成。

在高校学生管理的价值关系中，价值主体是学生，高校学生管理是价值客体，高校学生管理促使自己的实践行为不断满足学生的需要，协调自身和客体的关系，从而使学生更好地融入学生管理工作中。只有这样，学生管理工作才能得到学生的认可和接受，学生才能更好地参与其中，才能彰显出学生参与到管理中的意义，学生管理工作才能找到自己存在的根基。

许多高校大都面向省内外招生，承担培养和培育普通高等学历教育国家任务的教育职责，被授予发放大学学历证书的资格，作为普通高等院校对教育有深刻的使命。通过调研发现，目前高校面临比较大的学生管理工作压力，而且由于历史原因对系统的规划缺少统筹和管理，导致了一些重复投资和混乱标准，需要系统性的考虑建设、整理性的设计。同时，学生管理工作应该按照循序渐进的方式，优先处理和解决突出问题，以实用性为原则，逐步地改善和推进学生服务管理、工作个性化的建设。同时做好安全措施，防范学生信息泄密和被窃取，做好系统工作的扩展性，考虑未来的系统工作集成性等。

高校学生服务管理工作主要分为奖学金管理、贫困生认定管理、勤工岗位申请管理、就业信息管理、党员管理等板块。系统的管理工作应当面向全校的教师职工和学生，需要有一定的管理人员负责维护相关管理工作的设定和学生信息的维护更新功能。管理人员需要维护学生基本信息的各个方面，完善每个学生的个人学习和生活的在校档案。如果管理人员是高权限的人员需要设定好角色和完成配置管理，建立有效地学生学习生活服务管理机制。有关的管理人员要做好学院的设置、专业的设置以及学生的个人信息建立和管理，在业务工作上需要做好比如奖学金管理、贫困生认定与勤工岗位申请，服务管理工作中还应该包括有学生信息反馈的有效的畅通通道。

在完善学生服务管理机制的过程中，一些具体到学生自身社会和经济利益的个体化管理服务工作尤为关键。比如奖学金的管理、贫困生认定管理、勤工岗位申请管理、就业信息管理、党员管理等。学生管理工作，需要建立良好学习氛围和环境，高校学生服务管理机制的设计与实现更加有利于对学习表现良好的学生受到表扬和奖励，比如国家助学金的评选。它是鼓励学生在校期间勤奋学习、全面发展，帮助家庭经济困难的学生勤奋学习、努力进取，促进其在德、智、体、美等方面得到全面发展。建立良好的奖学金机制是非常有必要的。奖学金的评定是学生管理工作中的重要环节，奖学金制度有利于调动广大学生奋发向上、刻苦学习的积极性，有利于培养思想健康、品德优秀、成绩突出的学生，而且帮助了家庭经济困难、品学兼优的学生顺利完成学业。奖学金的评选不仅是影响到个人，更是对于弱势群体、家庭困难的群体的帮助与支持，以便让这部分学生顺利地完成学业。高校贫困生由于当地经济或者是家庭本身的原因，就学期间无力承担教育费用，这些学生有的心理还存在严重的自卑，如何运用助学金和奖学金帮助这批次的学生完成学业也是高校学生管理工作的重要内容。"贫困生"的标准在国家层面并没有确切的评判标准，一般参照当地经济水平和家庭实际收入来进行判定。

三、现代高校学生管理新趋势

（一）管理决策规范化

无论是高校的办学宗旨还是发展学生的具体目标，都是高校进行学生管理过程中遵循的基础标准和目标任务。学校发展的情况是最能够直接反映出学校的学生管理情况的，同时也是学校管理的决策适合性的体现。在进行高校学生的管理过程中，管理制度规范是相当关键的。

因此，学校的发展情况要体现出管理决策是否规范、目标是否清晰、明确；学校是否有自己的品牌与特色；办学目标和发展方向是否得到广大教职工的认可。学校管理决策的制定需要综合高校所处地区的经济发展程度、自身师资力量、科研基础、硬性设施等方面的实际情况进行考虑，所制定的管理制度应该清晰、明确，既能充分利用学校硬实力、软实力等综合条件，具有一定的挑战性，又不能好高骛远，遥不可及。学校的管理机制是否准确、合理会对学校的整体规划产生重大影响，方向出现偏差，所做的努力可能会南辕北辙，在很大程度上影响高校的管理效能。

校园文化作为高校的舆论阵地和宣传阵地，在一定意义上也承担了高校学生管理工作的作用力牵引的主要任务。校园文化应当针对学生的管理工作进行分担模式的细化和目标的量化，把校园文化的特征和高校学生管理的特征融合起来，形成长期有效的文化机制，通过文化作用力的牵引，构建更有利于高校学生管理的环境、制度、办法以及主旨思想。

校园文化也同时具备决策功能，特别在高校管理分担模式优化实施中，校园文化不仅突出在制度上的维护，还在更深层次上促进管理分担模式优化，实施具备高校管理的核心能力。

总之，高校学生管理的决策必须具有规范性、可操作性，能够为高校学生管理的有序健康发展做好基础建设功能作用。

（二）管理模式多样化

信息反馈管理是建立一种沟通的机制。传统信箱的方式现在逐渐被人们所淘汰，通过线上的反馈渠道更方便和更合理。当信息技术来临的时候，信息就是当今最有效的资源，收集、整理和使用这些资源成为客观的需要。对于高校学生的管理模式也应该探索多元性、多样化。如何第一时间了解高校学生管理工作问题的所在、掌握学生的动态、预防学生突发事件的发生，就务必要主动的释放所有的渠道打通学生和学校之间的通道，做好风险把控，完善学生管理。

发展学生管理的模式的多样性，需要通过充分领会学校和学院对于学生管理工作的指导精神，在此基础上进行分析，将高校学生管理系统的工作进行分层分级分角色。例如，按照管理工作系统中的级别可以分为学校管理、院系管理；按照管理工作系统中的角色可以分为资源管理、专业管理、学生信息管理、业务管理以及信息反馈管理等；按照管理工作系统的层次可以分为校园管理、校外社会管理等。

（三）管理手段信息化

合理运用现代化信息技术的科技手段是提升高校发展决策的科学性，提升服务效率，实现资源共享的新趋势。高校学生的管理应该与时俱进，推进行政管理信息化建设，善于运用信息技术这一先进的管理手段，高效、便捷地开展工作，提升行政管理效能。

学生数量的激增，给高校管理工作带来了很大的压力。如果还停留在过去的工作方式，工作不能与时俱进，必然不能更好地服务学生，更无法有效地实现我国成为教育强国理想。海量的学生信息既是工作的压力，又是宝贵的资料数据。通过大数据的分析，可以为学生信息管理提供有效的支撑。高校学生信息管理工作有奖学金管理、贫困生认定管理、勤工岗位申请管理等板块，通过大数据的分析，更加优化了工作流程，比如贫困生的认定，不再需要个人提交申请，更不需公开个人贫困情况。避免了一些性格内向的学生，由于以往不人性化的处理，从而影响学生性格扭曲的可能。

大数据时代的来临，不仅为信息系统带来了挑战，同时也带来了机遇。大数据时代下的数据是海量的，信息系统每天所要处理的数据也是海量的。如何把大量的数据进行合理的处理将成为了信息系统的一个难点。在这样的背景下，就要求我们能够对信息系统进行更加良好的设计。

我国制定了科教兴国的战略，高校教育是其中重要的环节。在当前环境下，为了培养更好的学生和争取更好的教学质量，同步国际化教学水平和管理水平，许多高校都在调研和借鉴先进的发展方式，其中学生管理工作的优化和提升关系到高校教学水平的提升。在信息化概念推广的过程中，数字化高校也得到大多数高校的认可，高校积极地探索适合本校发展要求的学生信息管理模式。通过软件和硬件的结合的方式，不断地研发，形成一定规模的信息化建设基地。

（四）管理队伍专业化

据调查表明，从事高校学生管理的工作人员大多数来自不同的岗位，拥有不同的专业背景，且他们之中"双肩挑"的现象非常普遍，即不但担任党政工作还承担着教学、科研任务。但在实际的学生管理中，他们之中的大多数没有接受过心理学、管理学、教育学方面的培训，缺乏现代管理理念、管理方法，与之相伴随的管理能力也很欠缺。仅仅凭借之前的经验和良好的期许从事学生管理工作，其管理能力不能适应目前高校学生管理队伍建设和发展的要求，这使得高校学生管理没有达到理想的效果。

加强学生管理的专业化水平，需要考虑以下问题：首先，是学生管理工作的特点即综合性强。因此学生管理工作的所需能力，除了最基础的能力和素质外，还要与多项不同领域的学生工作相对应。其次，是从长远来看，学生管理的未来必将走向专业化，所以在综合性的基础上，还要考虑对职业发展高级阶段的专门能力和标准。

基于以上考虑，高校学生管理工作专业能力框架可以从基础能力、专项能力和支持能力三个维度来构建。高校学生管理工作专业能力如表 5-2 所示。

表 5-2　高校学生管理工作专业能力

维度	基本能力	专项能力	支持能力
能力	有效交流沟通能力	思想政治教育能力	课堂教学能力
	更新和提高自己的专业知识和技能	学生学习指导能力	科技应用能力
	职业道德和法律素养	心理健康指导能力	应急处理能力
		职业生涯指导能力	评估评价能力

随着时代的快速发展，任何个人、任何岗位都会不断地遇到新的挑战、新的机遇，只要不断地提升能力、完善自我，才能应对时代的挑战。高校应该着力建立完善的管理培训制度，通过培训提升行政管理人员的业务技能，进而提升学校学生的管理效能。

高校的培训可以分为几个模块，分别为入职培训、职后培训、进修培训。入职培训即各岗位的工作人员在入职前必须要进行的培训，主要包括职业道德、岗位认知、专业基础知识等方面的培训，入职培训是为了让工作人员入职后能快速地适应工作岗位的需求，有效地开展工作，这个培训必不可少。职后培训指的是员工入职之后所进行的系列培训，这系列的培训应该按需施教，根据不同的岗位在实际工作中已经遇到或者可能遇到的具体问题进行培训，学校在组织培训时要充分考虑到培训对象的岗位特点，根据岗位职责需要，灵活采取有针对性的方式来开展培训，培训内容也要因工作内容而异。职后培训的主要目的是强化行政人员的岗位认知，提升工作技能、调动员工工作积极性、增强员工工作满意度，使其高效完成工作。进修培训可作为对优秀员工的一种激励手段，由学校创造条件，让优秀的人员到校外甚至国外进行考察、参加进修学习，增长见识，学习先进的管理经验，为员工的长远发展和学校的人才培养打下基础。

高校的培训制度要形成长效机制，要有完善的培训体系，每年做好培训计划，不同岗位均需定期开展培训，而不是胡子眉毛一把抓。此外，高校应充分运用信息化发展的成果，采用网络互通的形式，分享先进的管理经验，在节约学习成本的同时也会达到学习目的。完善的培训制度能提升员工的工作技能，进而高效地开展工作，最终为学校学生的行政管理工作服务，为实现学校的战略目标服务。

第六章 现代高校教师管理的创新发展

高校教师是高校开展育人工作的根本，体现高校的教育质量，为高校吸引学生增加竞争力。随着新时期的社会多向发展，教师队伍呈现多元特征，为高校教师管理的变革提供了必要性。本章分为现代高校教师管理要素、现代高校教师职业发展路径探索、现代高校教师管理的激励体制和现代高校教师管理创新发展的策略四个部分，主要包括高校教师的内涵、现代高校教师管理要素、高校教师管理激励体制的功能、高校教师管理激励体制的分析、高校教师管理创新趋势和发展策略等。

第一节 现代高校教师管理的要素

一、管理系统

管理是由一个或更多的人来协调他人活动，以便得到个人单独活动所不能得到的效果而进行的各种活动。对于管理的实质，可以说是仁者见仁，智者见智。从管理论的发展轨迹看，以下几种观点具有一定的代表性。

（一）管理就是一种职能的运转

这一观点主要研究工作的管理和组织的管理，强调管理人员职能的发挥，通过有效的管理来提高效率。因此这种观点是从管理人员的职能方面给管理下的定义。古典管理学派持这种观点。如法约尔就认为，"管理就是实行计划、组织、指挥、协调和控制"，它是"一种分配于领导人与整个组织成员之间的职能"。

（二）管理就是一种用人的技巧

这一观点的理论基础是管理必须"通过别人来做工作"。这一理论将"人"作为研究的着眼点，而不是工作或者生产指标，如何用好"人"是这一理论研究的核心。行为科学学派持这种观点。如马斯洛的需要层次理论、弗鲁姆的期望理论、赫茨伯格的双因素理论等就是研究如何了解人、激励人、用好人的问题。

（三）管理是一种系统的优化

系统理论认为，任何一个组织（管理对象）都是一个系统，它本身包含着很多的子系统，同时又包括于更大的系统之中。要实现对组织的有效管理，就需要使组织内外的各种要素得到优化，从而高效地实现组织的整体目标。系统科学学派持这种观点。如苏联管理学者认为："管理就是根据一个系统所固有的规律，施加影响于这个系统，使这个系统呈现一种新状态的过程。"

（四）管理就是一种决策的制定

"管理就是决策"，这种观点认为，每个企业的外部环境都是极其复杂的，而且时刻处在变化之中，企业经营的成败不完全取决于作业效率，而是取决于投资、计划、销售等各个方面的决策。如果决策失误，那么一切管理活动也就失去了意义。决策理论学派持这种观点。

不同的人，处于不同的时代，站在不同的角度，形成了对管理的不同的看法。但有几点是共同的：管理起源于人类的协作劳动，管理是对人的管理，管理是对组织内诸要素的优化组合。因此有人试图给出一个比较全面的概念，如盛绍宽主编的《普通学校管理学》认为："管理就是管理者根据一定社会所确定的原则，运用各种管理手段，通过组织、指挥、协调和控制各个分工制约的不同个人的活动，创造一种远比各个人活动力量总和要大的集体或社会力量，以便高效率地达成一个组织或社会的预定目标进行的各种一般职能活动。"也有人给出简明扼要的定义，如"管理就是决策""管理就是服务""管理就是协调"。

现代高校管理更倾向于后一种风格，管理的对象是人，这就要求管理要人性化。研究高校管理工作的学者们非常赞同"管理就是服务"和"管理就是协调"的观点。

二、高校教师

我们通常把在高校工作的人都称为"大学教师"，但这个定义太宽泛，也不精确。因为在高等学校工作的人包括许多部分，如行政管理人员、教学人员、研究人员、后勤人员等。这其中只有教学人员和研究人员才是教师。

从学术概念来界定高等学校的教师还是要从西文词源上说起，英文中对应于中文的"高等学校教师"的词汇很丰富，faculty、academic 和 professor

意思接近，时常交替使用。其中，faculty 一词的意思是能力、天赋。在美国高等学校，faculty 一词指的是在高等学校任教的教学人员。广义上包括全职教师（即专任教师）和兼职教师。学校行政人员和服务人员不在此列。狭义而言，教师（faculty）仅指终身聘任的全职教学人员。

国内研究者认为高校教师是高等学校的教育者，他们既是某一学科的专家，又是教育教学工作的承担者。按照《中华人民共和国教育法》和《中华人民共和国教师法》中的定义：教师是履行教育教学职责的专业人员，承担教书育人、培养社会主义事业建设者和接班人、提高民族素质的使命。高等学校的教师，不仅承担培养人才的任务，而且还对国家科学技术水平和社会主义物质文明、精神文明建设产生重要影响。

高校教师通常分为教学型、教学研究型和研究型三类，包括全职教师、兼职教师和终身教师。

三、管理要素

（一）目标与价值

教育的一个重大特点就是教育的不可重复性。工人生产的废品可以报废，农民栽种的树苗果苗，如果出现问题还可以重载，而教育一旦出现"劣质产品"，不仅不可以"回炉"重新生产，而且还会给社会带来极大的危害。高校教师的整个劳动过程都是人相互作用的过程，即劳动对象、劳动工具和劳动"产品"都是人，而高校教师面对的又是具有一定科学文化知识、具有一定生活经验、具有一定独立思考能力的成年人，不同的学生具有不同的生活经历、个性特征，生理和心理上都存在极大差异。这就给高校教师劳动带来一定的复杂性，要求高校教师既要按照学校统一培养方案教育学生，又要做到因材施教。总之，教师的劳动过程不是简单的再生产物质产品，而是一种极其复杂的"精神生产"，是培养具有独立意义、具有主观能动性的人。

针对高校教师的管理激励机制正式依据这种教师教育的劳动成果而实施制定的。高校教师的管理最终目标也是能够发挥高校育才的极大作用价值。

（二）社会心理

在中国，"学而优则仕"的观念一直存在，认为学习成绩好、学业表现佳的人就应该要走上仕途，谋取一官半职，追求官职权利成了人们的追求目标，经过长时间的固化影响，"官本位"思想在人们心中已经根深蒂固。传统的"官本位"思想对高校教育产生了较为深远的影响，行政权力在高校管理中仍发挥着重大作用，高校中热衷于向权利靠拢的现象明显。高校里本该担任学术职务的学者，受"官本位"思想的影响，陷入追逐一官半职的"潮流"中，有些学者迷恋权利，因为权利可以带来利益，如利用自身职位的优势来优先抢夺学术资源，影响资源的分配，这会造成某些程度上的教育资源分配失衡和浪费。在高校，行政管理岗位的权利不断扩大，对教师的选拔、考核、职称评定等都会产生较大程度的影响，使得高校教师向管理层靠拢，追逐权力，行政化倾向日益突显。由于高校级别行政化明显，级别越高，待遇越好，因此，追求权力成了高校的一股"潮流"，人们已经将官职的大小作为衡量个人成就高低的主要标准。

以权力为重、以官职为重的思想一旦在高校中蔓延开，在这种不良观念的导向下，高校教师会忙于追名逐利，无心钻研学术、教学，无法实现高校的学术提升和人才培养的目标，导致高校学术陷入"死气沉沉"的氛围中，学术委员会的权利越发弱化。此外，过分追求官职权利可能会导致行政人员只看重权利，在教育资源分配上受权力制约，造成资源分配不均，工作开展不合理，这势必会影响到行政管理工作的公平公正和有效开展。因此，高校教师的社会心理的固态也成为管理的制约因素，如何调适教师的社会心理，改变教师"官本位"思想，使教师回归授业解惑的意识形态当中来，是高校教师管理的关键因素。

（三）组织结构

随着中国高校的快速发展，高校教师队伍呈现多层次化，不同岗位、不同职位、不同级别的教师差别比较显著，不能采取统一的模式进行激励与管理。随着高校的快速发展，高校对师资的引进更加多样化，师资结构呈现多层次化趋势。但目前我国大多数高校仍然采取"一刀切"的激励管理方式，对各年龄、各职务、各学历层次教师的需求认识不足，而不同的教师的工作态度和工作成绩是不一样的，如果工作成绩突出的和工作成绩差的教师被评为同一等级，必定会打击那些工作成绩突出的教师的积极性。在教师管理上，不分教师的岗位、职位、级别采用一套考核标准来评价所有教师。有的即使分了层次，在实际操作中仍然偏重高层次人才，或只抓两头，忽视中间层次的考核激励，仍然无法达到管理的目的。许多高校为了追求声誉，仅仅对高层次人才的引进和管理上下功夫，重金聘请著名学者，但应该认识到，作为一种激励制度，应是面向所有人的、普遍适用的制度，从而使人人受激励、个个充满干劲。

因此，管理激励体制的结构必须达到科学适应性。科学高效的激励管理机制应该能平衡各方面利益关系，激励对象不同采取的激励方式也各异，相互协调配合，从而实现全方位、多层次的高校教师激励管理机制。

（四）管理分系统

成功取决于系统。一个组织要实现自己的目标，必须建立一套以目标为导向、以制度作保证、以文化为灵魂的组织系统，所以管理者的一个重要任务就是建立一个高效的、运行良好的系统。要建立高效的、运行良好的高校教师精细化管理系统，首先，要确立高校的整体管理目标，使各学院的目标与学校整体目标相一致，这样才能充分发挥各学院的潜能，保证学校整体目标的实现。其次，要将各项管理措施、管理程序等以规章制度的形式确立下来，这样才能有章可循，保证管理高效、有序地进行。最后，将各项管理制度发展为一种管理文化，内化到每个教师的心中，从而每位教师就会自觉维护这个系统，遵守各项制度。

高校通过聘任、使用、培育等一系列过程合理配置教师资源。管理分系统是高校教师管理要素的重要构成部分，起到调控和制约管理工作整体运行的作用。然而当前高校教师管理还存在招聘渠道单一，培训管理不到位，督导管理缺乏，考评体系不合理及激励机制不完善等现状。因此，学校教务、人事等相关部门在对教师管理过程中，需要形成多方职能主体联动机制，进而对教师工作全流程进行管理，同时关注教师自身的发展，充分发挥其创造才能和创新精神。

（五）管理技术

由于高校教师面对的学生的复杂性和多样性，高校的教育教学活动就没有固定的模式和程序可套用，"教有法而无定法"。这就需要教师用创造的教育观念和教学手法来塑造每个学生，其次要根据不同专业的要求，不断更新理论知识、不断改进教学手段和教学方法，从而取得理想的教学效果，培养出适应时代和发展的新一代。高校教师从事的是学术性脑力劳动，其劳动的创造性不仅体现在教学上，还体现在科研活动中。大学的三大职能：教学、科研和社会服务。科研作为大学三大职能之一，是高校教师工作的重要内容，这决定了高校教师要在本学科领域要进行科学研究，并有自己的研究成果和成绩，工作具有创造性。而科学研究就需要有创新精神和创造性思维，发挥自由思想，这就需要比较宽松的环境，不应受到过分的约束。因此高校教师劳动具有创造性。

高校教师的劳动对象主要是学生，而培养人需要一个漫长的时期，所谓"十年树木，百年树人"，高校教师劳动成果是无法很快物化的"精神产品"，这决定了高校教师劳动成果的显现也需要一段较长的时间。同时，高校教师所从事的科学研究也需要较长的时间才能完成，而且要将科研成果转化为生产力也需要一个过程，因此，对高校教师进行考核评价时要充分考虑高校教师劳动成果的滞后性。

因此，针对高校教师的管理不能盲目粗暴地进行，奖励机制也不能笼统地不加区分地开展。应用于高校教师管理的技术方法更应当具有实践性、科学性，深入探索高校教师管理的研究分析，形成健康循环的管理激励体制才能推进我国高校的全面发展。

第二节　现代高校教师职业发展的路径探索

一、优化高校教师管理目标的设计

人才培养、科学研究和社会服务是高校的三大职能。科学研究作为高校的一项职能是 19 世纪的洪堡大学所倡导的，社会服务作为高校职能是威斯康星大学校长范海思于 1904 年首先提出。因此教师的职责应根据高校职能进行细化，这样才能使教师的发展与高校的发展协调统一。虽然一直倡导教师具有教学、科研和社会服务三大职责，但是现实中却只看重教学和科研，尤其是科研。这一方面是因为教师没有充分认识到自身的主要职责，另一方面是因为现有的高校教师考核评价制度片面强调对科研的评价，在一定程度上起着误导作用。不管是教师职称的评审还是岗位的竞聘主要看教师的科研成果（学术论文的发表、学术著作的出版、国家课题的获得等）。对社会服务几乎没有要求，使得许多教师对院系的管理工作、学科建设等漠不关心。有的教师甚至不想代课，认为从事教学会影响科研，而教学在职称评审和岗位竞聘中占的比重并不大，从而忽视了教师最根本的职责。教学、科研、社会服务三大职能相辅相成，其中科研是三者的中心，要用科研来带动教学和实现社会服务，不能将三者割裂。这种一味地看重科研、轻视教学、忽视社会服务的现象是畸形的、不正常的，必须采取具体可行的措施进行改革。

坚持以人为本在高校教师管理中将教师作为工作的出发点和落脚点。把教师作为高校重要的资源，在高校教师管理中使用科学的管理方法来激发和调动教师的主动性、积极性和创造性，为实现高校发展目标做出最大贡献，使新时期的高校学生成人成才，符合新中国社会主义的人才选型标准，为新时代中国的多元化健康发展提供保障性人才。

二、优化高校教师管理的组织结构

合理的组织结构是高校顺利开展教师管理工作的先决条件。一支组织结构清晰、工作逻辑关系合理的具有高素质、高效能的教师队伍，可以起到优化高校整体师生管理工作的辐射作用。同样，一支管理效能高、管理工作精细的管理队伍也是促进高校管理发展的良好保障。这两支队伍相互互补，有机发展融合，形成高校发展的有利内部环境。

（一）教师队伍结构优化

构成高等学校教师队伍结构的要素是多方面的，但总体可分为两大类：一类是显结构要素，如教师的学历、年龄、专业技术职务、专业和学源等，它直接显示教师队伍的质量、能力和学术水平的基本状况，是高等学校教师队伍结构中既可显而易见，又可具体量化的基本要素；另一类是潜结构要素，如教师的思想素质、业务素质、心理素质、性格与气质素质，以及职业道德、敬业精神等，它影响教师队伍的整体效能和稳定状况，是高校教师队伍中不可具体量化，但又实际存在的重要因素。

从高校教师队伍结构的优化目标来看，应该是建设一支年龄、学历和职务结构合理，具有高素质、高效能的教师队伍。具体地说，在年龄结构方面，要形成后继有人的年龄梯队，降低教授、副教授的平均年龄，重点培养一批45岁以下的学术带头人，增强队伍活力；在学历结构方面，要提高具有研究生学历的教师比例，特别是博士学位的比重；在专业职务结构方面，要根据不同学科专业和教学科研任务的需要，确定各级教师职务的合理比例，适度增大高级职务的比重；在专业结构和学缘结构方面，提倡学科交叉、优势互补。在潜结构方面，要求教师有高素质、好品德，有适合教师工作的心理素质和性格气质素质，要有奉献和敬业精神，教师队伍要有凝聚力。

（二）管理组织结构优化

教师的教育观念的正确树立，是高校所有发展目标和管理目标的根本。从高校教师队伍教育观念形成方式来看，影响的外部因素有：课堂教学环境、学校教学工作环境、高等教育政策体系和社会文化环境。课堂教学环境包括班级规模、教学模式、班级气氛、师生关系等，它是一个由多种相互关联的要素构成的复杂系统。课堂教学是教师最直接也是最常用的传授知识、与学生沟通交流的方式。研究发现，课堂教学环境对教师教学观念的形成和发展有着直接的关系。学校教学工作环境，学校能否不受政府的影响，自行决定教学目标、教学内容、教学方法和使用哪种教材，对教师的教学也会产生不可忽视的影响。学校有较为宽松的教学环境，教师的教学理念就可以更加自由地发挥。教师之间能否相互协作，在教学和研究上能否互相帮助，能否形成和谐的教学学术氛围都会对教师教学目标的实现及教师教学的热情产生深远的影响。高等教育政策体系，国家为了实现一定时期的发展目标和任务，就会依据党和国家在一定时期的基本任务、基本方针制定出一系列的教育目标、教育方针、教育规划、和教育评估准则（如"建设世界一流大学""211 工程""985 工程"）。依据这些教育政策和规划，一部分学校为了提升形象和争取经费，就会要求教师在教育教学中掺杂功利性的内容，而不能完全按照学校自身实际情况和学生的兴趣及需要进行教学。社会文化环境，处于不同社会文化背景的人会因为对社会文化需求的不同而对教育的理解产生很大的差异，社会文化传统作为一种复杂的历史构成，不仅在一定群体中通过言传身教的方式得以传承，而且渗透在群体的思想意识、观念行为中，积淀为他们所特有的心理素质和思维方式。由从历史的深层结构来看，文化的传统常以一种遗传基因的作用方式渗透于全部历史过程，也作用于现实的教育。所以，大学教师的教学观念不可避免地会受到文化传统的影响，特别是在儒家教育思想延续千年的中国，这种影响体现得更为明显。

综上所述的几个外部因素，要想从外部管理工作中正确引导高校教师教育观念的正确形成，首先就要依据上面的因素进行管理组织结构的合理调整。顺应社会时代发展，建立信息教学管理体系，提供宽松的课堂教学环境，使信息技术常态化应用。信息技术广泛应用的课堂教学能促进教师课堂主体性观念的转变，互联网的出现使老师和学生的界限模糊化，只要你有真知灼见，无论你是谁，无论你在哪里，都可以"结庐授课"，真正实现了孔子的理想：三人行，必有我师焉。人人皆可为师，教师权威性被"颠覆"，从根本上转变以教师为中心的传统教学观念。除此之外，其他课堂教学环境，比如小组合作学习、课堂讨论、角色扮演、研究性学习等宽松、开放的课堂教学环境都有利于教师自身向好的教学观念靠拢。除教师自身努力之外，学校也要致力于为教师创造这样的课堂教学环境而贡献力量。

在学术管理和科研管理上营造和谐的学校工作环境。学校能够不受政府影响，自行决定人才培养目标、教学目标、教学内容、教学方法和教材的使用，为教师营造较为自由和宽松的工作环境，在这个环境里，教师的教学理念可以自由发挥，不受条条框框约束；教师之间互相合作又彼此竞争，相互学习又彼此较量，这样的工作环境对教师教学目标的实现、个人能力的充分发挥和教学热情都会产生深深的影响，影响教师教学观念的形成和发展，所以学校要致力于学教师创造优良的工作环境而努力。

在管理结构中增加继续教育的比重，加强教师教育培训。教师素质的高低影响教学质量的高低。教师教育培训是高校教师队伍建设的重要任务，也是转变教师教学观念的重要一环。 教师教育培训，特别是对青年教师的培训可以提高教师的自我效能感，满足教师自我实现的需要，提高教师整体素质。所以学校可以多为新教师、青年教师开设教育培训课程，增加青年教师和新教师的教学经验，促使其观念及时进行更新。

在管理评价机制内广泛实行民主管理、完善教师评价制度。大量研究表明，在民主开放式的管理下，教师更具有教学热情，更愿意进行教学改革。完善教师评价制度则是实行民主管理的一部分，互联网的应用能极大地促进教师转变教学观念提高自身教学能力的主观能动性。所以学校要从评价制度上着手，变封闭式奖惩性评价为开放式发展性评价，为更多的教师提供提高教学能力，转变教学观念的平台。

在管理服务后勤保障方面，提高教师薪资待遇和社会地位。提高教师薪资待遇也是促进高校教师教学观念转变的一条不可或缺的策略。我国高校教师面临着一个普遍的问题即工资待遇非常低的问题。高校教师工资待遇低，其贡献与工资相脱节，其人生价值不能在回报中得到体现，则必然影响教师对教学的热情。只有发挥工资待遇的杠杆调节作用，提高教师薪资水平，解决教师生活的后顾之忧，教师才能安心从事教学学术研究，为教学质量的提高尽心尽力。

在管理政策制度上完善高校教育政策体系。高等教育的发展离不开高等教育政策的引导。国家的高等教育政策体系影响高校人才培养目标的确立、学校规划的制定和教学内容的实施。合理的高等教育政策体系能够促进高校教育质量的发展、教师队伍的建设、良好校园文化的形成等，但是激进或落后的高等教育政策体系则会影响高等教育的发展步伐。激进的教育政策会导致一部分学校为了提升形象和争取经费，脱离学校自身实际情况去盲目扩大教育规模，在教育教学中掺杂功利性，造成教师在整个过程中受功利主义的影响，教学观念受"污染"。落后的高等教育政策又会使教师在教学过程中墨守成规，不愿意改变陈旧的教学模式，同样影响教学质量的提高。所以建立和完善科学合理的高等教育体系是转变教师教学观念非常重要的举措。

在引导教师自主管理上，要让教师自身充分发挥主观能动性，树立反思意识。唯物辩证法告诉我们，外因是事物变化的条件，内因是事物变化的根据，外因通过内因起作用。只有教师充分发挥主观能动性，在从事教学的过程中不断进行自我反思可以帮助教师探知、体察学生心理感受，发现自我教学观念与学生教学观念、自我教学观念与自我教学行为之间的差距，从而适时调整，构建良好的教学环境。教师进行自我反思的渠道多种多样，可以通过写教学日志，可以与学生经常交流，可以观摩其他教师教学等。要让教师加强教育理论知识的学习，提高对教学观念的理解力和领悟力。教育理论知识大多是经过时间检验的科学真理或其他教育学者的教育经验，经常翻阅教育理论文献资料可以丰富教师的教育理论基础，提高教师的思辨力和理解力。一旦这些教育理论知识与教师自身的教学观念发生内化和融合，就会使教师原有的教学观念发生改变，并指导教师的教学实践活动。要让教师自身勇于探索，把新观念落实到教学活动过程中。理论来源于实践，又反作用于实践，这就要求教师不仅要拥有科学合理的教学观念，还要有把教学观念应用于教学实践的勇气和魄力。通过调查笔者发现，很多教师不是没有先进的教学观念，而是没有把它与教学实际结合起来，使教学观念与教学实践相分离，导致他们每天都活在自己营造的矛盾之中，想改变又缺乏改革传统教学的大无畏精神。所以将新的教学观念应用到实践当中，往往需要教师顶住各种压力具有十分的改革愿望才能实现。

三、创新高校教师管理分系统的机制

（一）战略管理与目标管理相结合

我国高校所处的外部环境的变化越来越迅速，怎样在变化中把握机遇抓住机会，保持持续、动态的发展成为高校的重要议题和挑战。另外，高校的性质和定位决定了其目标和工作任务的多元化和难量化，鉴于这两点，战略管理对于高校管理来说就既合适又适时。所谓战略管理就是把一个组织从现实状态引导到未来理想状态的管理，高校战略管理的核心是确立与自身特点相适应的独特的办学理念、发展规划，发展自己独特的大学精神、建立本校教师共同的价值观，这需要领导者高瞻远瞩、下放权力，把工作重点和主要精力从日常事务和细微的管理上转移到对组织目标、社会需求和教师发展的关注上来，用组织目标、用共同价值观和师德规范引导教师管理行动，激发教师自主管理的热情和潜能。

战略毕竟是宏观和指导层面的，对于具体的执行环节来说难免会显得有些大而空，因此也需要进行目标管理。目标管理其宗旨是，管理者在此过程中要做到准确理解高校战略意图，将战略目标明确化并合理分层到教师管理中，但是要注意目标体系不能过于细密也不能过于封闭，要给教师参与目标确定的机会和渠道、给教师留下自主的余地。把中微观的目标管理与宏观的战略管理结合起来，战略管理负责指导自主管理的方向、目标管理保障自主管理的具体运作，如此一来，自主的教师管理在宏观、中观和微观层面都有了范围及方向上的依托和保障。

（二）完善现代大学制度

《国家中长期教育改革和发展规划纲要（2010—2020 年）》确立的一项战略任务就是建设现代大学制度，在随后的《关于开展国家教育体制改革试点的通知》中也把建立现代大学作为十大专项改革试点任务之一。现代大学制度对于我国高等教育和高校的意义可见一斑。

高校教师管理的自主自由并非无限度，它的实现需要有内部和外部的支持及约束性条件作为基础。而现代大学制度的建立是学术自由实现的路径选择，它能够为学术自主的实现提供优良的环境及保障，又能够对自主与自由形成约束。为避免行政权力的干预，现代大学制度的建立保障了学术自由的生存空间；为避免大学组织可能产生的保守、偏执以及学术霸权等对学术事业的危害，现代大学制度的建立为对权力的监督、调节和制衡创造了条件，有利于防止对学术自由的滥用。学术自由是现代大学的灵魂，教师享有充分的学术自主权是自主的教师管理的最主要的特征和表现，有了学术自主的实践和能力积累，自主的师德管理也将是水到渠成的。与自主的教师管理关系最密切的是涉及大学内部治理方面的现代大学制度，那么从这一角度出发，现代大学制度建设和完善可以走自下而上的道路，从完善微观层面入手，即改革创新高校内部管理，切实贯彻执行教授治校和学术自由与自治，给高校自主的教师管理提供最有利的条件。

1. 理顺管理权责关系

英国教育学家阿什比曾说："我们不能忘记，每个大学能否健康发展就在于校内由哪些人主持。"高校作为创造和传递知识的组织，维护大学教师在管理中的权力是非常有必要的，而且教师特别是教授们对教育与学术事务的了解要比纯行政管理者清楚和深刻许多。相对于高等教育发达的国家和地区发，我国高校教师的管理权力缺乏必要的制度保障。《高等教育法》虽然对公办高校教授治学、民主管理有明确规定，规定高等学校设立学术委员会，审议学科、专业的设置以及教学。科学研究计划方案，评定教学、科学研究成果等有关学术事项，但因缺乏具体的制度设计而在实际运作上大打折扣。大学章程作为现代大学制度的主要我体，其主要功能就是规范大学权力运行，保证大学自治，它的主要内容是关于大学权力分配和制约的，本质是对大学内部以及与大学有关的教育利益的调整和分配，那么通过完善的大学章程能够从最高的内部治理制度上规定和保障教师的管理权利，为自主的教师管理提供支撑。大学章程规制的大学内部权力关系包括行政人员与学术人员之间的权力关系和大学与院系之间的权力关系。在高校目前的管理中，"科层式"的管理模式使得权力过于集中于管理层面，不能很好地发挥基层教师的话语权，而且内部治理的权力结构一直处于政权力占主导的局面，学术权力一直没有发挥出其应有的作用，通过章程形式厘清并确定学术权力和行政权力的权限和责任，可以直接保证学术自由和学术自主权，也有助于推进教授治校，为自主的教师管理扫清制度和权限上的障碍。大学章程的自治性对教师自主管理也具有指引作用，还可以作为实施自主的教师曾理的精神和文本性的依据。

2.建立自我发展和自我约束机制

高校的自主管理权是一种自我发展的权利。强调内部治理意味着一种自我监督和自我约束。高校要在约束和监督中不断发展，如果脱离必要的约束和监控，高校自主权的运行则可能会背离初衷，出现滥用自治权的现象，产生负面作用。为了更好地行使自治权、更好地践行自主管理，就需要建立自我发展和自我约束机制，前者用来为实现发展助力，后者为合理管理预警。建立自我发展机制包括成立发展改革机构（既可以是由固定人员组成的专门性的职能部门，也可以是由行政领导和教师兼职组成的委员会形式）、构建学习型组织的相关制度、积累机制（包括人才、资金、文化底蕴、科研创新成果等方面的积累）等。

我国高校现行的管理体制是党委领导下的校长负责制，它保障了高校管理工作的统一、有序，但是这种体制有时会造成集体领导缺乏责任主体，加上学术权的薄弱、参与管理渠道的单一以及内部和外部监督反馈机制的不健全，导致了管理工作效率低、行政系统缺乏执行权威、教师满意度不高等一系列问题的出现。所以要建立自我约束机制，一方面保证"在其位谋其政"、充分行使权力，另一方面控制权力的膨胀和滥用，降低短期行为和影响自己及他人权益行为的出现频率与不良影响。

（三）构建开放、包容、自主、创新的大学精神

高校教师是具有专门知识的高素质人才，他们渴望得到价值上的平衡和认同、渴望学术上的独树一帜，自我实现、开放互敬的人文气息以及人性化管理方式是所有教师，特别是骨干教师最本质的心理需求。看一个高校有没有文化内涵和精神积淀，需要看它的包容性和宽容度，比如能不能容忍个性甚至怪异的教授、新颖冒尖的学术观点、不断投入却长期不见成果的研究等。20世纪初，蔡元培先生提出了"思想自由、兼容并包"的办学理念，认为大学是包容各种学术的机关，并在制度上加以保障，使北大一时学派众多、群贤毕至，涌现出一批富有个性、才华横溢又青史留名的大师。西南联合大学的教授治校、教师自律使得其在艰苦动乱的时代仍能保证高水平的办学质量，培养了许多优秀人才。著名的经济学家纳什教授罹患严重的精神疾病，但还是被普林斯顿大学包容了，普林斯顿大学的接纳和支持才使得一位优秀的但不算正常的人才得以继续搞学术工作，才有了日后获得诺贝尔奖的宝贵的研究成果。处在进行改革开放和现代化时代的国内高校更应该继承传统，构建开放、包容、自主、创新的大学精神，用精神引领教师的发展，用价值观吸引、留住和培育人才，用独特的精神面貌和精神力量构筑高等教育的百年基业。

（四）制定和完善《教师手册》

《教师手册》是教师进行自主管理的重要工具，借助学校完善的《教师手册》，教师可以了解工作职责、进行自我管理及监督、更好地进行角色认同，免去了由于不清楚有关内容和等待上面告知而带来的麻烦和不必要的代价，自助式的管理工具是教师进行自主管理的有效手段。完善的《教师手册》规定了教师的任职资格、详尽的权责分配以及常见问题的解答与备注等。每位教师都有了有力的参考，自然可以很好地参与管理、管理自己、影响和管理他人，也就是可以高效的开展自主管理。

（五）协同合作

高校教师的思想意识形态和行事特征由于自身工作特点和年龄特点多有不同。教师自身的学习体验对教师教学观念的形成有着非常重要的影响，教师教学的观念都是从学生时期开始形成的。他们在学生时期对知识、对课堂、对教

学内容、对教师、对师生关系的理解都会影响着他们在为人师时对教学的理解。每一学科都有自己所依托的知识背景和相应的行为准则，有自己独特的研究问题和研究方法。自然而然地，每一学科的教师在教学过程中都会赋予所教学科专业知识的独特理解，有与其他科教师不一样的思维模式和教学方法。教龄的长短也是影响教师教学观念发展的又一重要因素。教学观念是一个动态发展的过程。刚刚从事教学工作的教师经验不足，对知识、教学目标、教学内容理解不深，教学观念难免会有不完善的一面；随着教龄的提高，教师的教学经验越来越丰富，教学观念自然也会越来越系统化、越来越成熟。

因此，教师之间互助、互勉、互学是实行自主的教师管理的有效方式。要发挥教师之间这种相互作用，就要借助组织的力量，因此也就需要成立和完善教师组织、壮大教师组织的力量。职工代表大会和工会是目前我国高校成立的实力最强的教师组织，其在教师管理中也有着不可替代和忽视的作用。某大学2011 年的《"十二五"扬帆起航，迎校庆科学发展》工作报告中就指出：学校教职工代表大会和工会会员代表大会是教职工行使民主权利、参与民主管理、实施民主监督的一项基本制度，是增强教职工主人翁意识，提高学校科学决策和民主管理水平的重要途径，在充分发挥教职工的积极性和创造性，促进学校改革、发展和稳定等方面起到了重要作用。但是仅依靠职工代表大会和工会来进行教师自主管理是远远不够的，而且这两个组织本身也需要进一步地建设和完善。高校应该组建、帮助教师成立多种多样的教师组织，构成一个体系。首先，学校要成立不同类型的委员会，让教师有充分发表意见的机会，切实发挥教师自主、自治的权力和作用，比如建立并完善学术委员会保障教师学术上的自主管理。其次，支持并帮助教师成立教师之家、学术俱乐部等非官方的教师组织，这种非官方的、依教师兴趣和需要参加的组织更能令教师充分表达自己的见解、及时寻得发展所需的支持和帮助。借助这些教师组织激发教师自主管理的热情、提高教师的管理能力、认真听取和收集教师对学校各方面事务的意见，尽管各种意见未必全被采纳、能力的提高也不是立竿见影，但体现出了人尽其言的民主氛围、体现了对教师主体地位的尊重、体现了促进教师发展的管理初衷。

四、优化高校教师管理技术的信息化建设

一所高校的吸引力和竞争力最重要的就是教学质量和育人能力。这也是高校教师管理评价最关键的基础内容。进入 21 世纪以来，我国高校开始扩大招生规模，大学生的在校人数不断增长，由此带来了很多教学问题。由于学生人

数增多，课堂的班级容量增加，教师的教学任务加大，在一定程度上影响了教学质量。为了能够保证教学质量，我国很多大学都重新制定了教学质量的评价方法，传统的人工评价需要学生、专家以及领导通过填写纸质的评价问卷来对教师进行评价，然后将评价后的试卷通过人工录入计算机进行评价分析，这种方式效率很低，而且缺乏公平透明度低，人为因素较多。同时，由于学校教师众多，因此基本采用的是抽检方式，不能对全校教师进行评价，具有一定的局限性。

随着信息技术的发展，互联网技术得到普及，将信息技术应用到教师教学评价过程中成为一种现实，可以通过开发教学评价管理系统对教师的教学进行评价。学生、专家、领导可以通过浏览器随时随地登录评价系统，对教师的教学工作进行评价。评价的计算分析过程则全部由计算机自行完成。通过这种方式，不仅提高了教师教学评价的效率，能够短时间内完成对全校教师的教学评价，而且全程无纸化操作，评价过程全部由计算机完成，因此更加公开公正，教学评价也更客观，对提高教学管理水平，促进教师自我能力的提高，保证教学质量，进一步提高学校教学质量。教学评价过程的信息化推动了教学评价工作的开展，随之而来的问题是如何建立一套完整的科学的教学评价指标体系来对教师的教学质量进行评价，如何真实有效的反映教师的教学质量，这已经成为影响教学评价工作的一个关键问题。在很多学校的教学评价中依然采用的是一些传统的评价方法，如次要指标法，传统的评价方法虽然操作快捷，但是也存在很多缺陷，使得评价结果不能全面反映教师教学的质量。此外，很多高校虽然建立了教学评价管理系统，但是评价过程不够科学，例如滞后评价，导致评价结果时效性差，这就使教学评价流于形式，没有起到评价的效果和目的。

第三节　现代高校教师管理的激励体制

一、高校教师管理激励体制的功能

（一）提升学校竞争力

人才是影响各国竞争力大小的实质因素，而高层次人才是由高等学校培养和输送的，所以高校师资队伍的整体质量对培养的人才的质量起到关键性的作用。因此，高校要在激烈的竞争中立于不败之地必须要有一流的师资队伍，而一流的师资队伍必须要有一套科学合理的高校教师管理激励体制进行约束与保障。高校教师管理制度涉及教师岗位职责的设置、考核评价和激励等多个方面，而要建立一支一流的教师队伍需要教师岗位职责、考核评价和激励等方面的协调配合。虽然有很多专家学者对高校教师管理进行了一定的深入研究，而且对高校教师管理的实践具有一定的指导意义，但理论基础不够深厚、不扎实，在许多具体的实践环节上研究不足。目前，我国还没有一套科学的、合理的、完善的高校教师管理制度。

（二）提升人力资源管理效率

高校人力资源管理，是指高校组织人力资源部门在人事管理方面按照组织的目标与要求，采取先进的人力资源管理理论和方法，运用市场运作方式合理配置员工的活动过程。学生评教对教师的鉴定功能以及对教师发展的作用也让评教成了高校教师人力资源管理的组成部分。研究促进高校教师人力资源管理的学生评教对于改进高校学生评教效果、完善高校教学质量管理体系、提升高校教师人力资源管理水平具有重要意义。评教工作只有在符合人力资源管理的要求下，促进教师发展，才能真正激励教师改进教学效果、提高教学质量，从而提高学校办学水平、教育质量和人力资源管理水平。

随着高校招生规模的不断扩大，高等教育逐步迈进了大众化教育阶段，如何培养出高质量、高水平、高素质的人才是每一所高等院校的中心工作。高校教师作为培养人才的人才，是高校中最为重要的群体之一，是高校人力资源管理的主要对象。其中教师绩效考核和评价也是高校人力资源管理中的重点和难点，它涉及对教师工作结果的评价，并对教师工作行为有重要的影响。

高校人力资源具有其特殊性。在大学的学术劳动力，本身有很强的独立性和自我意识，很大程度上在时间和意志等方面享受自由，因此，对大多数教师人力资源的开发应有其特殊性。作为高校的主体教学和科研群体的学术劳动力是高校人力资源管理的主要部分，高校人力资源的合理配置必须以教师为本，尽可能多渠道挖掘教师的教学和科研能力。高校教师的个人需求具有多样性的特点，既要提高教师的生活待遇，更要尊重教师的劳动，尊重知识，满足其精神领域的需求。

现代高校教师管理中率先将对教师的评价和激励系统的结合起来。用评价和考核的有机协同配合促进对教师激励措施的良性发挥而产生实际效果。在对教师的评价体系中，高校管理又把学生的评教情况设置比例比较高。这一管理方法认为，师生的现实关系即教学关系和教育关系，能够率先直接反映教师教学质量和教育水平。然而，我们也要避免这种评教结果的不真实性，这里存在相互迎合心理或者报复心理而产生的评教结果的不准确性。为了最大化避免这一现象，让评价真实有效，从而促进教师激励管理的公平、公正。首先，让学生评教回归本质意义，利用评价结果改进教师教学和完善人力资源管理。在教师的人力资源管理中教师的激励、教师的培训属于核心内容，在这些环节中合理运用评教结果是有利于提高成效的。教师获取评价结果，反思教学，发现在教学中存在的不足，改进教学。学校要为教师改进教学提供必要的专业支持。教师教学反思，这只是教师自身教学职业发展的开端。促进教师的发展，还需其他条件的配合。在现实中，如果教师的反思不够全面和深刻，缺少批判性，他们就难以找到合理有效的改进方法，这不但难以促进教师改进教学，反而会使教师困惑和迷茫。这种情形下，专业支持就显得十分重要，不管是来自校内或校外的。有研究表明：如果学校在实施学生评教之后有意识地通过教师培训、专题讲座、研讨会、教学咨询、现场诊断等多种方式为教师提供持续的、富有建设性的专业支持，引领或帮助教师逐渐走出困顿，获得成功体验，就能更加有效地促进教师的专业发展。另外，不排斥利用评价结果进行人事决策，教师的入职管理、绩效考核、职称与薪酬管理等都可以参考学生评教结果，但必须是在合理和适当的范围内使用，并且不能把学生评教结果作为鉴定教师教学水平和质量的唯一标准。可以通过学生评教、听课评价、教学规范评价等多方面来对教师的教学质量和人力资源现状进行整体评价。这样，既可改变以往将学生评教替代或等同于教师教学质量甚至教学工作评价的方式，也改变了以往对学生评教结果过度使用的状态。此外，为提高学生评教结果在运用上的时效性，学生评教结果可改为即时反馈，以使教师能及早对教学中存在的问题进行改进，以便整合和优化教师的人力资源管理。

我们应该看到学生评教只是能够促进高校人力资源管理效率的提高的一种方法，对于提升高校教师的人力资源管理，还要多维度进行创新。从内在要求和外部管理的精细角度，进行高校教师人力资源的培养，有效提高高校人力资源的管理效率。

（三）优化队伍结构以及个人目标

研究高校教师管理激励体制，对于提高教师的工作积极性，激发他们的创造性具有十分重要的意义，同时，对于提高高等教育质量和对高校的健康发展有着极其重要的意义。找到一套完善的高校教师管理激励体制，对高校教师岗位职责设置、考核评价和激励制度等方面进行改革，为高校教师的尽快成长和充分发挥潜能提供人事政策框架和制度环境，一方面有利于教师队伍结构的优化，另一方面可以促进教师个人目标的实现和发展方向的建设。

二、高校教师管理激励体制的问题分析

（一）激励方法单一

当前我国高校教师在激励教师方面主要通过物质激励，主要是增加个人收入和提高个人待遇，忽视外部激励的作用。根据马斯洛的需要层次理论，物质激励只能满足教师最基本的最低层次的需要，他们更高层次的需要和自我实现的需要无法得到满足，从而无法充分调动教师的积极性。

（二）激励方式不合理

高校教师激励的机制还存在很多不合理性。

第一，薪酬设计不合理。重科研轻教学，各高校教师课酬普遍较低，而一位教师在核心期刊上发表一篇文章所得到的奖金比上一年的课酬还多，另外在教师职称评定上也有关键性作用。这就导致教师对教学的积极性不高，本末倒置。

第二，薪酬结构不合理。现实高校中绩效薪酬所占比例非常小，不同教师之间的绩效薪酬没有拉开差距，没有发挥出绩效薪酬应有的激励作用。

第三，没有将教学质量与薪酬相挂钩，教师只要完成学校规定的课时数，不管质量的高低都能得到同样的绩效薪酬。

（三）激励标准把握不准

高校教师评价总体上是一种粗线条的终结性评价。科研评价几乎是评价教师的唯一标准，教学质量以及社会服务的评价没有受到应有的重视。由于高校教师在教学上付出再多的劳动其效益是无形的，很难具体地进行衡量，而科研成果却非常具体，可以进行量化。这样就形成了一套既简单又粗放的评价方式。在对教师的考核评价过程中，主要看教师论文发表以及学术著作出版的数量，对教学质量和社会服务的考核力度不够。这就形成了只要科研好，一切都好的情况，从而引导教师将时间和精力都投入到科研上，直接冲击了教学工作，严重影响了教学质量，最终损坏了学校的形象。

（四）人才竞争机制不完善

随着知识经济的到来，高校面临高等教育的大众化、市场化和国际化。而

现今高等教育面临着人才流失、学校教师队伍整体素质有待提高、教师资源的充分开发利用等方面的问题，这一系列的问题暴露了高校体制下，人才竞争力的缺失或薄弱。内部教师队伍不能形成有效地竞争能力发展环境，积极促进教师能力水平的提升；在外部，也不能实时有效地营造吸引人才涌入的人才发展市场环境，对社会有用型人才不能起到吸引目的，造成高校教师环境不能健康循环发展，不具有可持续性。

第四节　现代高校教师管理创新发展的策略

一、高校教师管理发展趋势

（一）管理理念向人力资源管理发展

高校教师属于高级知识分子，是有良好的个人修养、有情感、有人格尊严、有思想的"人"，他们高度看重自我价值的实现，格外重视他人、组织及社会的评价，并强烈希望得到社会的认可和尊重。单纯依靠物质的激励是无法满足高校教师的，这就需要重视对教师进行精神激励。

现代人力资源管理研究表明现代员工都有参与管理的要求和愿望。所以要充分发扬"以人为本"的管理理念，对教师的管理不能简单地理解为"管老师"，要将教师作为服务的对象，及时了解教师的需要，形成尊重知识、尊重人才的氛围，要理解、尊重、关心、信任教师，善于运用情感激励与教师建立良好的关系，使他们心情舒畅，增加教师的认同感和归属感。

管理者与教师要加强交流、相互尊重，共同参与学校事务的民主管理，满足教师责任、成就、认可和成长的需要，让教师切实感受到自己是学校大家庭的一员。这样既能调动教师的积极性，又能使管理者和教师之间和谐相处。

（二）管理方式向动态管理发展

教师的教学工作和育人能力是一种动态持续性的行为过程。在这两者地发挥作用上也是动态的从量变到质变的发展过程。对高校教师工作的管理评价应当摒弃原有的只停留在一点或者一面的表象评价管理方法。在新时期的高校教师管理工作更应当充分研究和发展持续性的动态管理评价方法和奖励机制。

第一，高校可以组织、建设大学教学质量评估任务组，对高校的设备及时升级、更新，培训教师在课堂上的教学标准化，与此同时对系统人员进行培训，提高现有大学产生的工作结果，为了避免系统漏洞，提高标准化水平。

第二，鼓励教师提升自身的能力和综合素质，积极投入到教学工作中，确保教学课程的质量。就高校教学质量评价系统的情况，评价过程逐渐的标准化和规范化，教学质量的提高与教学质量评价体系的成熟两者相辅相成。

第三，通过研究成立在线教学质量评价奖励机制，同时建设群众监督制度，大大地降低无效评价结果出现的可能性。

第四，提高教学评价结果反馈的及时性。教师的教学评价结果如评价学生的排名，教师评价排名，专家评价排名和总排名等信息可以通过短信模式通知老师自己，方便教师根据自己的教学评价结果及时做出改进。

总之，对高校教师的管理有必要向着健康、可持续性的动态管理发展，构建合理、公平的高校教师管理机制，为教师提升自身建设好营养土壤。

（三）管理制度向契约制发展

近年来，美国的高等教育一直走在世界前列，其对高校教师队伍的建设、聘任、管理、培训等方面形成了一套科学合理的教师管理制度：采取公开招聘、公平竞争、自主招聘的选人和用人方式；建立科学合理的高校教师绩效考核评价指标体系，评价主体多元化，重视自我评价；实行"非升即走"的淘汰机制，终身教授制，建立公正合理、规范化的职称评定机制；建立培训进修制度、学术休假制度、带薪休假制度。这一系列的完整的制度体系，为美国高等教育的发展起到了重要作用，也对世界其他各国高校教师管理提供了宝贵的经验。

我国当前对高校教师的行业还保留着事业单位铁饭碗的传统印象。社会上甚至教师本身还原始地认为教师这个职业是终身制。这种根深蒂固的思想从源头上遏制了高校教师自身主动发展的动机，社会环境也干扰了教师自我管理能力的提升。对高校教师管理的新契机正式要求改变这种体制内的终身职业生涯观念，把合同契约性引入高校教师管理机制系统中来。有效地激发高校教师自身能力发展的主动性和积极性。

（四）管理激励向能力差异精细化发展

高校教师管理激励当前仍然存在许多问题。例如，随着近年高等教育院校不断"扩招"，高等教育资源出现紧缺，特别是高校教师资源出现紧缺现象。同时，高校教师管理制度过于粗放，很多制度形同虚设，对教师的约束、激励作用有限。从而使得高校教师比较散漫，缺乏积极性，对教学以及学校院系的事物漠不关心、应付了事。这不仅极大地浪费了资源，也影响了高校教育教学质量，使高校很多日常工作无法开展，高校应有的职能也没有得到很好地发挥。

教师岗位职责不明确，不够细化。目前高校教师管理的规章制度以及教师手册，只是粗略的规定了高校教师要完成的教学课时数以及在规定的时间内要发表的论文数量，对教学的质量以及论文的质量并没有明确要求。同时高校教师具有教学、科研和社会服务三大职责，显然现在的高校教师管理制度忽视了对社会服务的要求。这样的管理制度如何能调动高校教师的积极性，如何让教师履行其应有的职责，高校的职能又如何发挥。高校对教师的管理和激励机制必须建立一套精细化的考核评价标准，充分发挥教师的潜能，履行其应有的职责。这种标准的精细化要从教师的教学水平、育人能力、管理能力、科研能力等多面入手，形成健康的有机的管理评价机制和激励机制。

总之，将精细化管理理论运用到高校教师管理的改革之中，建立完善的高校教师精细化、以能力差异考量评价标准的管理制度，是当务之急。细化教师岗位职责，建立精细化的教师考核评价体制，强化精细化的教师激励制度，充分调动高校教师的积极性和创造性，不断提高办学质量，在激烈的高校竞争中立于不败之地。

二、高校教师管理创新策略

（一）创新激励体制

1. 丰富激励方法以满足多层次发展

高校教师是一群高级知识分子，具有社会文明的显著特性，也有着对个人全面发展的社会要求，这就要求在进行高校教师的管理激励工作中，要开展多种激励方法，以满足不同年龄、不同工龄、不同职称、不同社会关系的高校教师的发展诉求。

（1）目标激励

目标是人在各项活动中所追求的预期结果在人们头脑中的反映，它是人的动机体系的一个重要成分。目标激励主要是通过设置目标来激发教师的内在动机，当然这个目标必须能够将教师的需要与学校的目标紧密联系起来，所以说设置合理的目标是目标激励的关键。教师的需要主要包括生活需要、工作需要和自我实现的需要，自我实现的需要是教师的最高追求。学校的发展必须在满足教师生活的需要和工作需要的基础上，更应保证教师自身的发展。学校应将自身目标的实现与个人需要的满足紧密结合起来，在实现自身目标的前提下满足教师的需要。

（2）物质激励

物质需要是人的各类需要的基础，只有物质需求得到满足，才能追求更高层次的需求。为此应尽可能地改善教师的生活条件，解决工资待遇、住房、医疗等问题。薪酬作为激发教师工作积极性的方式，必须具备公平性和竞争性，这里的公平不是绝对的公平，而是相对公平，不搞"平均主义"，所有教师按统一标准奖罚。薪酬应当与教师的业绩、贡献、职称、教学工作量和教学质量挂钩，适当拉开各级各类教师职务的薪资水平，保证按贡献分配。为了更好地激励教师多出成果，可以适当建立相应的业绩津贴制、年薪制。从而使教师不为生活所累，专心从事教学和学术研究。

（3）培训与发展激励

培训的激励价值在于它能满足教师的最高层次的需要，也就是自我成长和发展的需要。要立足于教师整体素质的提高，积极探索教师"培养、培训、管理"一体化的有效机制。不同类别、不同层次、不同任务的教师要有不同的培训内容和培训方式。例如，对于刚聘用的青年教师我们可以借鉴美国高校实施的导师制，建立青年教师导师制、青年教师助教制等制度，学校安排富有教学实践经验的老教师对青年教师进行教学实践培训。而对于具有一定学术声望和学术成就的教授，要建立学术间。在培训方式上，设立短期和长期培训班，业余时间培训和系统学习，校外进修和校内培训，充分发挥现代信息技术的作用，推进教师培训工作的信息化建设。在培训模式上，构建多样化的培训模式，包括教师岗前培训、教育课程培训、教学研究公开课、青年教师授课比赛等，还可以撰写教学后记、教师专业成长日记等实现教师的自我教育培训模式。最后，要采取一定的激励措施，将教师培训与工资、晋级、晋职等联系起来，通过学术休假制度和有力的经费支持以保障教师参加培训的现实可能。

2. 构建合理考核机制以确保公平性

关于高校教师的教学质量的管理，国外一些教育发达的国家和地区已经形成了一整套科学规范的管理体系。例如，美国、英国等国家在对教学质量进行评价时，都是从学校和教师两方面入手来对学校进行教学评价的。美国的教育者最早成立了"专业与组织发展联络中心"，它是成立的最早的关注于高校教学质量管理和发展的组织机构，它负责制定相关的规定和标准，然后对各个高校的教学活动进行监控和管理，来促进高校教学质量的提高。此外，还有一些社会机构也参与到高校教学质量评估的工作中，通过评价，定期发布相关质量报告，来促进高校教学质量的提高。

　　为了实现教学评价的目的，很多院校和国家相关机构都出台了一系列的教学质量标准，学校或者教师在被评估后，会将评估结果对外公示，力求公开公正，对于评价结果不理想的部门或者个人，要按照相关规定进行相应的处理，因此教学评价已经成为检验和完善高校教学工作，科学配置教育资源，促进教学质量和水平提高的重要手段。

　　由于教学评价的作用显著，因此科学合理全面的评价指标体系的建立就更加关键。美国是最早关注教学质量管理的国家，其在 20 世纪 80 年代初期设立了"优质高等教育研究小组"来负责高校教学质量管理的相关工作。美国还设置了"马尔科姆·巴尔德里克国家质量奖"来对教学质量优秀的高校进行奖励。为了能够全面科学地进行教学评价，国家相关研究机构和管理机构结合高校教学的特点不断完善和修订教学质量评估指标和标准。目前，美国经过多轮修订，已经形成了较为全面的一套评价标准——"绩效教育标准"，该标准主要包括七大方面，基本上实现了对高校教学工作的全覆盖面。

　　国外的教育机构非常重视高校的教学评价，因此相应的高校对自身教师的教学质量的管理也非常关注，尤其是国际知名大学更加重视教师教学的评价管理。例如哈佛大学、牛津大学都制定完善了教师教学质量评价体系，对教师的教学全过程进行标准化管理。日本在 21 世纪初也开始重视高校的教学质量管理，通过引进美国和英国等国家先进的教学质量评估标准和体系，对其大学教学质量进行评估，此外例如东京大学也开展教学质量自查和自评，对教师的教学质量展开评价管理。我国香港大学、香港科技大学等院校也积极引进国外的教学质量评价指标体系来对自身的教学质量和水平进行自我评估。

3. 树立以人为本理念以激励自主管理

　　"以人为本"的管理理论强调在管理过程中以"人"为中心，依据人的内心需求与动机，满足人的物质需求和精神需求，尊重人的人格尊严，从而激发人的潜能。"以人为本"的管理包括两层含义：①以"人"为中心，人是管理的主体，同时在管理活动中处于主导地位。在管理过程中，要关心、信赖、理解、尊重人，充分调动他们的积极性、主动性和创造性。②把"人"当"人"看待，努力为人的全面发展和自我实现创造条件和机会。通过个人的全面发展和自我实现进而实现组织目标。

　　"以人为本"的管理理论应用于高校教师管理中表现为"以教师为本"。高校教师作为高级知识分子具有强烈的自尊心、责任感和荣誉感，这就要求我们从教师的需要出发，不仅要满足教师的低层次需要，更要注重满足教师的高层次需要和自我实现的需要，尊重教师的人格尊严、尊重教师应有的各项权利。

（二）完善政府—高校—教师三位一体管理制度

高校教师管理效能不高是我国部分高校长期存在的问题，行政化倾向严重是我国高校教师管理中效能降低的重要原因，要提高管理效能，就要认识到行政与学术的两面性，平衡行政权力与学术权利，解决行政化倾向严重的问题。高校要尽快将行政管理机制改革纳入内部治理结构改革中，着力转变机构职能、优化管理结构，形成责权一致、分工合理、决策科学、手段先进、执行顺畅、监督有力的行政管理体制。

高校的教师管理制度更应当注重"大学自治""学术自由"及"学术本位"等管理理念，在行政管理上更加突出教师的作用，充分尊重市场经济规律，并主张高校与政府之间要形成良性互动，政府不能过分干预大学的管理。把高校置于社会、市场、文化、组织、历史等大环境之下进行管理，弱化行政管理部门的权力和责任。其行政管理效能的提升不过分依赖于行政管理部门本身，而更多体现在大学自治和学术自由上。形成政府—高校—教师三位一体的管理制度。

（三）构建多元化高校教师发展模式

高校教师队伍在新时期呈现多元化趋势。主要包括教学、科研、学科建设、人才培养、学校公共服务、社会服务等。目前我国高校将教师主要分为三类：教学型，教学科研型以及科研型。所以对教师的管理工作要根据这三种不同类型的教师制定不同的发展管理体制和考核奖励机制，对各个方面的工作做出科学的考量，同时根据三种不同类型的教师确定各项工作在考核标准中所占的比重，一般教学占40%、科研占40%、社会服务占20%。对于第一类教学型教师主要考察其师德表现、教学任务、教学质量、教学态度、教学内容、教学方法、教学效果等，同时对教学改革研究以及教学法研究做出相应要求。第二类是教学科研型教师，这一类教师一般是学校的中坚力量，直接关系到学校的学科建设情况和学校的整体竞争力。因此对教学科研型教师的考核要与学校的发展目标相一致，在教学、科学研究、社会服务等多个方面做出更高层次的要求，注意平衡教学与科研的比重。对于科研型教师主要考察他完成的科研项目、发表的学术论文编写的著作教材、获得的成果奖励、组织参与科研学术活动等内容。同时规定三种不同类型的教师必须完成一定数量的教学任务，坚决杜绝"教师不教"的非正常现象。在社会服务上，前两类教师必须为学校和社区提供一定的服务，参与院、系、学校事务的日常管理工作，社区咨询工作等。

通过对高校教师不同类型确定不同的管理激励机制，引导教师向多元化发展，提升自身学、研、教、育的多种能力，为高校的发展模式提供技术竞争力和吸引力。

（四）营造和谐工作氛围

高校教师管理的理念直接影响着学校的管理模式，更营造出工作氛围的多样化。学校管理理念是否先进、科学，能否适应高校发展的需要、社会变化的需求，充分合理地运用先进的现代化管理手段会影响高校的行政管理效能。高校与其他国家机关单位的管理有所不同，既有一般的行政管理工作，又要兼顾学术发展，高校要充分认可学术管理的地位，强化自治管理能力，推崇学术自由，而不只是照搬机关单位的管理模式。同时，要学会充分运用先进的现代化管理技术和管理手段，高效率地开展管理工作，构建一个适合和激励高校发展的和谐的学习、工作氛围。

充分利用校园网站、宣传栏、校报等媒介进行师德宣传，以喜闻乐见的形式开展师德教育，树立师德榜样人物，对师德优秀的典型教师进行大力宣传、表扬，营造浓郁的师德建设舆论氛围。通过良好的校园文化环境对高校教师进行潜移默化的熏陶，推进高校师德建设工作。

第七章　现代高校行政管理的创新发展

高校行政管理工作是高校教师、学生的教育工作和学习有序、和谐进行的有利保证。探索高校行政管理工作有助于提高教师教育质量、促进学生全面发展。引导教师、学生树立不断接受教育的终身教育理念。如何做好高校行政管理工作，培养全面发展的优秀人才是着力研究的课题。本章分为现代高校行政管理的重要性、现代高校行政管理效率的影响因素、现代高校行政管理体制改革的依据和现代高校行政管理创新发展的策略四个部分。主要包括：现代高校行政管理的指导思想、目标要求、育人使命、创新高校行政管理内容、发展高校行政管理人员队伍和创新高校行政管理目标等内容。

第一节　现代高校行政管理的重要性

一、有利于大学生的成才成长

进入新世纪，中国和世界的交流越来越密切。西方一些发达的资本主义国家，通过各种手段，加紧对我国实施和平演变。在全球化背景下，西方强势文化不断消解思想政治教育对马克思主义意识形态教育的效果，而传统文化糟粕又阻滞思想政治教育对现代国民性格的塑造，重利轻义的价值取向阻碍着思想政治教育对社会主义市场经济价值观的培育，网络文化制约着思想政治教育主导作用的发挥。大学生容易接受新生事物但辨别能力还不高。一些学者鼓吹在社会科学研究中要保持所谓的客观和中立；一些高校教师在教学中偏离正确的政治方向，违背学术研究无禁区、课堂讲课有纪律的规定，发表一些违背党的纪律的言论，对一些大学生党员造成了不同程度的负面影响。

高校行政管理工作是发展师生教育学习的理论教育阵地，探索高校行政管理工作有助于提高教师教育质量、促进学生全面发展的教育新理念，首先要树立教师、学生不断接受教育的终身教育理念。师生应把不断学习、不断接受教育作为自己的第一需要，作为一种精神追求，深入学习和钻研符合时代发展的高校学习的新理论、新方法、新机制，始终保持工人阶级先锋队的"学习本色"，真正做到学以立德，学以增智，学以创业，不断提高先进性，增强综合能力，提升为师生群众服务的本领。其次要树立重视教师、学生综合素质的素质教育理念。高校培养的目标应是国家所需要的德、智、体、美、劳等素质全面发展的人才，素质教育就是要充分发掘学生的智力、潜力、能力，培养他们健康的人格，使他们能够在竞争日趋激烈的新时代，学会学习、学会做人、学会生活、学会交际、学会创造，具备较强的适应能力、承受能力和开拓进取的精神。再次要树立重视学生干部创新精神和创新能力的创新教育理念。高校行政管理工作创新有赖于学生干部工作者的创新意识、创新精神和创新能力。因此，高校在进行观念的教育时，应注重启发式、探究式教育，引导教师、学生进行独立思考，敢于质疑和提出自己认为管理工作中不合理的地方并提出解决的思路与方法，激发他们内在的创新意识和创新能力。

高校学生已经大都是"00后"，他们好奇心强、接受新鲜事物能力强、张扬自我个性、喜欢自由安排时间等。要以"00后"大学生的特性为切入点，不仅对单一、枯燥、政治性强、理论性又比较高的灌输式集中教育模式有所创新，采用先进典型现身说法、案例教育、现场教学、交流讨论等方式，运用形象直观、通俗易懂的语言进行辅导，让学生党员听得懂、记得住，活化教育形式，提升学习成效；还应根据教育对象、教育内容、学生学习进度和学习兴趣等情况的不同，探索符合学生实际的个别教育模式，逐步调动起党员学习的积极性和主动性，形成自主自觉的良好学风。

二、对高校自身发展影响深远

高校行政管理是学校自我发展的内在需求，管理效能的提升有利于提升高校综合能力，适应现代教育发展和改革的挑战。学校要进一步的发展和提升，适应市场的挑战，不能一味地照搬以往的官僚科层制管理方法。高校的行政管理工作应该要适应时代的发展，以提高管理效能为核心，完善管理理念，运用科技手段，改进工作方式方法，既要尊重学术自由，又要保障完善的管理制度，提高学校的教学、管理等综合能力。

提高高校行政管理效能，有利于提高学校的整体服务水平，利于服务全体师生。行政管理工作是学校教学、科学研究和社会服务等工作坚强后盾，完善行政管理工作，精简审批手续，改善工作流程，提高管理效能，利于提高学校在教学、科研、管理等方面的整体服务水平，更好地为全体师生服务。

提高高校行政管理效能，有利于学校的整体发展，提升学校的良好形象。社会各界对于高校的评价，除了来自学校的科研成果、人才培养等方面，还来自学校的管理水平、服务情况，行政管理效能高的学校会给人高效、严谨、高标准的印象，能展示学校的良好形象，利于学校的整体发展。

高校的行政管理工作普遍存在管理理念落后，机构臃肿重叠，工作流程繁琐等方面的问题，导致行政效能偏低，尽管近年来有所改善，但高校行政效能偏低现象仍较为普遍，是一个整体的现象。中国共产党是中国特色社会主义事业的领导核心，同样也是中国特色社会主义高校的领导核心。高等院校管理制度建设有必要以科学发展观为指导，党委领导下的各级党组织也必然以促进我国高等学校的科学发展为工作目标。创新高校行政管理工作模式，尤其应该注重党建工作，有助于加强高校党建自身内涵建设，以科学、健康的党建"活力"引领校风教风学风建设，把教书育人、人才培养放在首位，培养高质量大学生的社会主义大学，努力营造全社会关心、重视和支持高等教育改革发展的良好氛围，实现高等学校教育的又好又快发展。尚在建设之中的中国特色高等院校制度，必须在高校党委领导下创新高校党建工作，构建协调、统一的高校党组织运行机制，把党的工作与行政、教学、科研等紧密结合起来，使高校党的建设更加符合我国高等院校制度的需要，才能充分发挥"高校党委的领导核心、院系党委的政治核心、党支部的战斗堡垒作用和党员的先锋模范作用"，也才能进一步完善高校的内部治理结构，有效促进中国特色高等院校制度科学发展，保证社会主义办学方向。规范高校管理，构建和谐校园的组织者、推动者和实践者，不断增强高校的创造力、凝聚力和战斗力，从而为健全和完善高等院校制度保驾护航。

三、有利于中国社会主义建设的开展

高校行政管理工作必须以科学的理论为指导、科学的制度为保障、科学的方法为推进力，全面发展高校各项建设事业。在建设中国特色现代大学制度过程中，高校行政管理工作面临的环境和条件已发生变化，其工作理念、管理制度和推进方法也必须与时俱进，及时做出相应的变化和调整。高等院校制度视域下创新高校党建工作，有利于督促高校党建工作者充分研究高校党建理论的范畴、内容、目标和规律，全方位、多层次、多角度的整体提升党建工作理论水平；有利于高校党组织从党建工作实际出发，创新工作方式方法，探索运用管理学、心理学、组织学等现代科学方法，并善于借助和运用现代新的科技成果开展党建工作；有利于高校党建工作者着眼于制度建设，积极构建内容全面、程序严密、系统完备、科学有效的制度体系。有利于中国社会主义建设的发展。

各高校在行政管理工作开展中，积极发现、挖掘、培养和树立典型，大力推选教书育人先进典型、优秀辅导员和班主任典型、先进基层党组织典型、品学兼优学生典型。在高校范围内营造崇尚先进、学习先进、赶超先进的浓郁氛围，可以推进高校的党建工作向纵深发展，与行政管理工作并驾齐驱。校领导与教师、学生面对面，在宽松、平等的气氛中拉家常、掏心窝，倾听教师和学生学习、生活中的问题，对提出的问题进行现场办公解决，对不能马上解决的问题允诺答复期限，让他们信赖学校，同时又把学校的政策、困难与愿景说给大家听，激发责任感。学校领导干部既体察了师生情绪，把握诉求，汲取了师生智慧和凝聚了全校力量，又培养了师生们的主人翁精神，增强了教师以学生为本的服务理念，学生们换位思考的意识，形成了全校师生同心协力共谋学校发展的局面。让师生以高校为家，高校的党建工作就是师生的战斗堡垒，也是执政党孕育党的接班人的摇篮。高校党建工作与执政党的自身建设相辅相成，相互汲取党的深度建设发展经验。这也是高校行政管理工作发展的最大基础目标。

第二节　现代高校行政管理效率的影响因素

一、管理思想陈旧

高校一直以来都作为我国培养和输送人才的重要阵地，始终担负着为社会培养高素质的建设者和接班人的神圣使命，党中央、国务院历来对高校学生工作都予以了高度重视。由于我国高校的学生管理一直带有较为浓厚的旧式行政管理风格，与传统中所受到的经费、教学、人员三个方面的压力相适应，高校学生管理工作的模式缺乏创新和重新设计的内部动力，而学生主体意识的提高、信息技术的发达、高等教育深化改革、高等教育法治化使得这种传统的学生管理模式面临巨大的挑战。

近年来，各界人士一直在探索高校行政管理：工作的改革路径，但改革仍在推进的过程中，尚未形成卓有成效的方法。很多高校管理和发展受到了政府过多的干预，沿用政府管理的理念进行高校管理，由行政部门主要负责学校的运作与发展。部分高校也提出了去行政化的管理方法，行政部门作为协作部门来支持学校的科研、教学工作，由科研团队作为主导力量，但去行政化管理还在实践探索中，尚未形成完善的体系在各大高校全面推行，因此，先进的行政管理理念对高校的发展具有至关重要的作用。

高等院校制度视域下高校党建工作处于重要位置，在高校发展和改革中起核心指导作用。而高等院校制度的不尽完善也会对高校党建工作发挥作用造成一定的影响。首先，从现代大学外部管理制度来说，适宜我国高等教育发展的高等院校制度还在不断探索之中，政府职能还未转换到位，政府还存在对高校的管理控制不适度。其次，高校内党委权力和行政权力的矛盾还未解决，双方领导互相推诿各自该尽的责任、工作中协调商量不够，甚至彼此之间长期处于博弈、牵制状态。在教学、学术方面，重科研轻教学的顽疾还未根治，学术造假、权学交易、钱学交易等丑恶现象扭曲了学术研究的初衷。在民主管理方面，由于高校高度集权的行政体制泛化的状况还未根本改变，使大部分师生民主管理的权利还停留于形式和口号。由此可见，现代大学内外制度的不健全一定程度上也制约了高校行政管理工作的开展。

二、机构设置不合理

高校的组织结构设计政治色彩较浓，主要按照官僚行政组织的模式建立，结构较为僵化、陈旧，且灵活性和创造性不强，难以适应当前教育改革发展的需要。高校的机构设置更多的参考政府的机构设置，但高校和政府在职能和管理方式等方面有诸多不同，沿用政府的机构设置，势必会有不合理的地方。现阶段的高校机构职能、职责缺乏优化，经常会出现多个部门同时参与某项事务处理的现象，造成职责不清责任不明，容易形成多头领导或无人管理，如学生的考研工作，研究生处、教务处、学工处、各二级学院都有责任，但具体责任如何，各部门在这项工作上的职能具体有哪些仍需进一步明确。或者出现有些工作无人管理的情况，虽设置了某些部门，但该部门工作内容不明确、不系统，部分工作找不到明确的责任部门、责任人，部门之间相互推诿，责任不明，如部分高校虽设有监察室，但并未有专人负责，而是由纪委办公室监管，易导致监察工作的不完善，部分监察职能的缺失。

高校行政职能部门设置上设有政策法规与发展规划处、人事处、教务处、科研管理处、财务处、国有资产管理处、审计处、招生就业处、基建处、后勤处等；在党委部门设置上设有党委办公室、校长办公室、纪委办公室、监察室、组织部、宣传部、学工工作部、保卫处、团委、离退处、工会等。各高校的行政部门设置大体相同，部门设置较为全面，能全面进行运转，但仍出现有部分职能重叠和空置的现象，有的多个部门共同管理一项事务，部分工作内容相近，工作职责重叠，导致责任不清晰；有的职责划分不到位，未明确分配到相应的部门，导致职能空置。

另外，部分机构行政人员职责不明确，不完全清楚自身的工作内容和工作职责，在开展工作时主要凭借感觉和借鉴前人的工作经验，没有系统地对工作内容进行梳理，会出现人浮于事、相互推诿、工作落实不到位等现象，造成行政效能的低下。

三、行政权力设置分配不合理

目前，高校中的行政管理理念相对滞后，主要表现在学术权利不强、学术氛围淡化、官僚气息浓厚、行政级别化明显、官场现象频现等。在高校管理和发展中，很多问题都是由行政部门主导，行政机构掌握教学和科研等相关资源，管理教学事务，制定学校的发展方向，严重限制学术的自由发展，如行政部门进行人事任免，行政部门按照"行政、政治逻辑"而非"学术、人才培养逻辑"行事，在人事任免上会出现考虑欠周全、不能结合具体情况开展工作；行政部门掌握着资源的审批权，决定着资源的分配方式和比重，但行政人员未必真正了解各二级学院的具体情况，难以全面考虑每个学院发展的特点，基本是按照学院的影响力的大小进行分配，这会在一定的程度上造成资源的浪费。

此外，由于行政部门主导学校的管理与发展，高校的学术委员会权利相对弱化，未能在教学设计、学术研发、学科发展等方面发挥应有的核心作用。

四、管理人员素质有待提高

高校属于非营利性的机构，大部分主要靠国家财政供给，较少受到市场经济的影响，因此，高校的行政管理部门主要以管理为主，服务工作并不到位，不像企业那样尽心尽力做好服务工作，以求得顾客的认可，得以在竞争市场上生存。在这种氛围下，高校的行政管理人员大多以管理者自居，而非服务者，在工作过程中大多以下达命令式来进行管理，主要表现在：不以师生为本，不以师生利益为先；工作热情不高涨，消极怠工，工作拖拉，相互推诿；待人接物上不热情，在面对学生、学生家长、学校教职工提出的问题时不耐心、服务不贴心，甚至会趾高气扬，推三阻四；工作积极性不高，不主动思考问题、解决问题。

高校中仍有部分行政人员工作责任心不强，态度不认真；工作技能不强，专业性不够；师德师风较差，未能做到关心学生成长，做好服务工作。行政人员的低素质会直接降低行政工作的效率，同时会引发学校、社会、师生对学校行政管理工作的不满，对学校行政管理工作形成负面影响，阻碍行政效能的提升。

五、管理体制不完善

我国自 20 世纪 70 年代恢复高考以来，直到 80 年代末期才开始逐步关注高校教学质量，随之而来的管理体制也开始受到社会和教育界的关注，高校的教学质量的综合管理和评价尤其引发社会的广泛关注。

我国的高校行政管理具有自身的特点，是结合社会主义特色制定的，主要结合现代教育评价理论和教育评价实践，以及我国社会主义道路的人才选型标准而得来。我国的学者历经三十多年的研究和完善，目前已经初步形成了我国高等教育管理评价理论体系框架，但是各个高校在教学质量为主导的行政管理评价指标、标准、方法以及过程方面还存在很大差别，目前就高等院校教师教学评价还没有形成统一的标准和规范。

目前，我国高校对在校师生的行政管理过程中，针对教师管理的教学质量评价方面主要采用传统评价和网络评价两种方式。传统评价主要是通过纸质问卷对教师的教学质量进行评价，效率较低，而且耗费大量的人力、物力和财力，而且评价过程全程人工操作，主要是负责部门向师生发放评价问卷，然后回收问卷，再将数据录入计算机通过软件进行数据统计分析，然后计算最后的评价结果，由此可见这个评价过程人为因素较重，影响了教学评价的客观性和公正性。网络评价则是以网络技术和信息技术为基础，师生可以通过计算机网络登录评价系统，完成教师质量的评价，所有数据处理和分析全部由系统后台通过各种评价算法来完成，直接生成最后的评价结果。

由此可见，网络评价不仅效率高，评价过程公开公正，而且评教活动不再受空间和时间的限制，只要有网络和客户端就可以随时随地完成评教工作，因此建立这种网络评价系统已经成为高校教学评价工作的发展趋势，通过建立网络评价系统可以极大地节省人力、物力和财力，而且能够提高评教工作的效率。打破目前高校内对教师行政管理机制的不完善问题的束缚。

目前我国高校的教师教学评价指标体系没有统一的标准，不同学校的评价指标体系各不相同。这也导致对高校教师评价奖励的不公平性，极易造成高校教师队伍的不稳定和教师管理的失衡。主要存在以下问题。

第一，指标设置不够全面，不能全面反映教师的教学质量，有些评价内容表述模糊或者不够科学规范。例如，有些评价内容包括教师备课的内容，但是这部分内容发放给学生评价后，学生是无法进行客观评价的。

第二，指标权重设置不够科学合理，不能突出评价的重点。例如有些院校采用专家、同事和学生三方联合评价的模式，但是专家和同事评价权重设置较重。由于同事碍于人际关系，评价分数水分较大，则使得评价结果失真。

第三，评价指标一概而论，忽略了专业和课程的差异性。目前很多高校的教学质量评价都是一表走天下，所有的课程和教师都用统一指标进行评价，不分文理，不分职称，这也造成评价的结果有失公允。

六、内部激励匮乏

高校行政人员晋升渠道不通畅，其晋升主要体现在职务上的晋升和职称上的提升，从管理职务上来看，高校的组织结构呈金字塔型，越往上的职务岗位越少，中层以上的管理岗位十分有限，竞聘人数多，竞争压力大。而且，很多管理岗位如科研处长、教务处长、副院长等职务都是从专任教师队伍中选拔出高学历、高职称、专业技术强的人才来担任，基本上都是"双肩挑"人员，底层行政人员一般缺乏高学历、高职称，想晋升中高层管理岗位较为困难。行政人员认为，想要单凭优秀的工作表现来获得晋升难度较大，机会渺茫，需要工作表现优秀的同时再提升学历和职称，但对于工作繁琐的行政人员来说，学历和职称的提升绝非易事，需要耗费个人巨大的精力，甚至会影响到个人日常的行政工作。

从职称提升上来看，行政人员可以跟专任教师一样通过职称评定来获得待遇上的提升，一起争取有限的职称名额，但行政人员职称评定比专任教师难度要大。首先，行政人员行政事务繁琐，工作时间长，和专任教师相比，行政人员用于进行科学研究的时间和精力都较为有限。其次，高校在对行政人员和专任教师的培育目标和培育力度有所不同，行政人员所接受的培训多数是行政管理能力、工作技能上的提升培训，专任教师较容易获得课程能力、科研能力方面的培训，从科研上来说，行政人员的科研能力提升较为困难。最后，行政人员所分配到的学术资源也相对较少，科研项目并不多，想要形成科研成果难度大。因此，行政人员再进行职称评定时易出现无业绩、无成果的情况，职称评定难度大。

七、监察管理欠缺

高校的行政监察工作体系尚未完善，预防性监察工作开展不到位，未能较好地进行提前监察，主要以事后监察为主，监察工作较为滞后。高校在行政工作开展前、开展过程中没有得到有效地监督、检查，对行政人员起不到预警的效果，行政人员在开展工作时会出现不作为、乱作为的现象。

此外，行政监察人员不专业，高校的监察人员并非全部都是监察相关专业出身，也没有接受过系统的、专业的培训，甚至有些高校的行政监察人员是兼职的，可能会存在监察工作能力不强、专业性不足等方面的问题。由于监察人员的专业性不足，在开展监察工作时会出现监察内容不齐全、监察工作不到位、监察结果不精准等方面的问题，不能起到对行政工作的良好督促作用。

高校对行政人员的考核主要从德、能、绩、勤、廉等方面进行评价，看似评价体系全面到位，但指标体系描述过于简单，难以进行量化，行政工作的工作量无法全部反映在考核指标中，评价主观因素大，评价结果较难客观反映出工作强度。绩效考核流于形式，考核结果不能真实地反映行政人员的具体工作情况。另外，高校在奖惩、晋升方面效果不佳，部分教职工认为对行政人员的奖惩不显著，人情味较重，表现好的奖励力度不大，表现差的惩罚力度较弱，对于没有犯重大过错的行政人员几乎不会采取惩罚措施，奖惩制度没有真正落到实处，难以实现绩效考核与绩效工资的真正挂钩，对行政人员的激励性不强。

第三节　现代高校行政管理体制改革的依据

一、指导思想

（一）马克思主义唯物辩证法是根本方法

高等学校校园是知识分子和青年学子聚集的场所，要充分发挥学校的人力资源优势，调动一切积极因素努力培养未来合格建设者和可靠接班人。这就迫切要求在和谐的校园环境下，保证高等教育目标的顺利实现。这也是马克思主义唯物辩证法的实践应用。只有用马克思主义唯物辩证法才能正确分析高校校园和谐、稳定与高校行政管理工作顺利开展的优化模式。

只有在和谐、稳定的前提下，才能调动一切积极因素，实现学校全面发展。建设和谐校园加强高校管理建设的必然要求；用辩证法来看待高校管理工作，对管理工作来说，要转变观念，即根据和谐的理念设定管理工作目标，不断改进管理内容和方法，提高工作成效，真正发挥管理工作在和谐校园建设中的作用。

高校管理工作是高校和谐校园建设的重要保证，管理工作的好坏直接决定了构建和谐校园的成败。高校管理工作要发挥思想政治的教育优势，从根本上把握和谐校园的建设节拍，抓住机遇引导学校往正确的方向发展。高校管理是和谐校园建设的关键。构建社会主义和谐社会，关键在制度。同样，构建和谐校园，关键也在制度管理。

高校管理工作与和谐校园建设之间的关系要用马克思主义唯物辩证法来辩证看待：高校的建设是和谐校园建设的根本保证，在整个和谐校园建设中起核心作用；同时构建和谐校园为高校管理工作搭建了新的平台，也为进一步加强高校的建设提供了机遇。因此，管理工作与和谐校园建设属辩证统一关系，两者要有机结合、相互促进，让高校在和谐中求发展，在发展中求和谐。

（二）树立马克思主义正确世界价值观

改革的深入，市场经济体制的不断完善，为大学生管理工作提供了丰富的内容。而市场经济具有其经济和道德上的两面性：既具有原始的市场公正的"天然"性格，也可能因这种天性而导致日益扩大的贫富差距。经济体制改革的深入必然带来多样化的经济成分、多元化的利益主体、多样化的社会生活方式。市场经济的趋利性一定程度上诱使人们最大限度地去追求可量化、实用的物质价值，而对精神文化这种无形的价值却持轻视甚至蔑视的态度。由于过度追求市场经济的趋利性，一些党员大学生的世界观、人生观和价值观发生了畸变。

"思想是行动的先导"，实事求是、与时俱进的思想作风，是每一个教师、学生必须坚持的。高校一些教师、学生理想信念不坚定，信仰迷茫，精神迷失，对中国特色社会主义和共产主义心存怀疑，有的甚至向往和宣扬西方的价值观念和社会制度，会对师生队伍造成不良影响，尤其是对"三观"正在形成中的高校大学生。

高校管理工作的着力点，在高等教育由精英教育向大众化教育转变后，高校学生人数成倍增长，使高校管理工作面临着新情况、新问题。一所高校学风好坏，是该校人才培养质量的直接影响因素，是社会公众对该校评价高低的最关键的观测点。只有引导学生树立了正确的人生观、价值观，高校所培养的人才就不会偏离既定的方向，能满足社会发展的需要。

加强高校基层党建工作，也是高校行政管理工作的政治体现和关键。要以组织体系建设为重点，在符合条件的行政、教学、科研单位单独设置党支部，建立横向到边、纵向到底的基层党组织体系，切实优化基层党组织设置，扩大组织覆盖，最大限度地把师生组织起来。基层党组织要扎实开展党员发展、党员培训、党籍管理、党费收缴、党员激励关怀帮扶等工作，切实履行好基层组织组织师生、宣传师生、凝聚师生、服务师生的职责。建立师生有困难找支部、有问题找党员的机制，完善基层党组织联系和服务师生制度，不断增强基层党组织的创造力、凝聚力、战斗力。

习近平总书记指出："各级各类学校党组织要把党建工作作为办学治校的重要工作，把抓好学校党建工作作为办学治校的基本功，把党的教育方针全面贯彻到学校工作各方面。"高校基层党组织兼具"基层党组织"和"高校"双重特点，既要练好贯彻落实党的路线方针政策、团结动员广大师生、做好思想政治工作等"基本功"，又要抓好人才培养、科学研究、社会服务、国际交流合作等"主业务"。高校基层党建工作要把练好"基本功"与抓好"主业务"有机统一起来，以练好"基本功"促进"主业务"，以抓好"主业务"检验"基本功"，使基层党组织有效发挥政治功能、组织功能、服务功能，成为师生最贴心、最信赖的组织依靠。通过加强基层党建工作，统一思想、凝聚共识，为实现高等教育内涵式发展、办好人民满意的教育提供坚强的政治保证、思想保证、组织保证。

围绕需要解决的思政工作的重点问题，找准"病根子"、开好"药方子"，对照细化、分解任务，制定能操作、好管理、可监督、有考核的整改措施，明确工作进度、时间节点，确保问题整改高标准严要求，落细、落小、落实。要建立责任清单，坚持政治任务和岗位职责相结合、一般要求和特殊规定相结合，进一步明确学习宣传和贯彻落实的责任，充分发挥高校行政管理的主体责任、党委书记的第一责任、领导班成员的"一岗双责"、任务负责人的直接责任，层层压实责任，上下联动，整体推进，增强高校行政管理工作和思政工作创新发展的新动能。坚持理论深度、实践力度和情感温度并重，以上率下带头学、带头讲，支持和引导广大师生自觉学、跟进学，积极营造浓厚的层层学习贯彻氛围，努力提高学习的成效。

要把行政管理工作和思政工作融入整体格局、强化"大思政"理念，筑牢忠于事业的"精诚"、保持攻坚克难的"气势"、展现追求卓越的"神采"，真正把中心放在办学治校、立德树人上，把功夫下在抓落实、解难题上，把心思用在出实招、办实事上，切实把高校行政管理工作和思政工作盯实盯牢、抓紧抓好，加强党对高校的全面领导，推动高校思想政治工作创新发展，努力培养德智体美劳全面发展的社会主义建设者和接班人，具有十分重要的意义。

二、目标要求

（1）立足完善现代大学治理体系、提升治理能力，形成高校管理工作制度体系。强化使命担当，做好顶层设计，把具体工作落细落实。

（2）形成一批工作品牌和育人载体。聚焦示范引领，在形成"雁阵效应"上下功夫。发挥"双带头人"党支部书记引领作用，发挥教师、学生自主管理的优越性和法制建设发展可持续性。

（3）打造一个理念和技术领先的"党组织党员管理系统"。发挥领军人才带动作用，加强科研团队建设。

（4）产生一批高水平的行政管理研究成果。服务国家战略，在形成"协同效应"上下功夫。让一流学科建设与地方文化建设和谐发展。

三、育人使命

我国现代高校管理制度离不开高校党建工作的指导。高校是知识分子的聚集地，是培养中国特色社会主义事业所需人才的重要基地，是党的理论宣传与创新的前沿阵地。对于现代大学来说。党建工作的好坏不仅关系到党对学校各项事业是否能实施正确领导，而且直接影响教学科研、人才培养、文化传承、社会服务等工作是否能深入开展。因此，面对新形势下，已步入"深水区"的高等教育改革以及正在建设和完善当中的现代大学制度，高校党建工作只能不断创新，不能原地踏步。高校的行政管理工作最重要的一点就是服务好高校党建工作的开展。促使党的建设在学生、教师队伍中生根、发芽。

高校行政管理工作同时是师生的教育阵地，探索有助于提高教育质量、促进师生全面发展的教育新理念，首先要树立师生不断接受教育的终身教育理念。高校行政管理工作应该注重培养学生成为国家所需要的德、智、体、美、劳等素质全面发展的人才，素质教育就是要充分发掘学生的智力、潜力、能力，培养他们健康的人格，使他们能够在竞争日趋激烈的新时代,学会学习、学会做人、学会生活、学会交际、学会创造，具备较强的适应能力、承受能力和开拓进取的精神。再次要树立重视学生创新精神和创新能力的创新教育理念。高校行政管理工作创新有赖于创新意识、创新精神和创新能力。因此，高校应注重启发式、探究式教育，引导学生进行独立思考，敢于质疑和提出自己认为行政管理工作中不合理的地方并提出解决的思路与方法，激发他们内在的创新意识和创新能力。

培养"有理想、有道德、有文化、有纪律"的中国特色社会主义事业合格建设者和可靠接班人不仅是高等学校担负着的历史重任，也是高校肩负着的重要历史使命。人才培养质量既是衡量高等学校办学水平的根本标准，也是高校行政管理工作的中心任务。现代大学制度视域下创新高校行政管理工作，有助于加强和改进符合中国特色社会主义大学要求的高校行政管理工作，以立德树人为根本，为培养高素质人才提供服务、支持和保证；有助于高校利用高校所具有的人才培养优势，深入推进教学改革和建设。因此，任何时候，全面提升人才培养质量都是中国特色现代大学制度建设和高校行政管理工作的重中之重。

高校的行政管理工作在新时期还是面临着诸多挑战。各种社会新闻、社会价值理论以及新鲜科技产物，都直接呈现在大学生的面前。这些事物中的道德意识层次参差不齐，有的甚至违反了法律法规。高校行政管理工作在这种大环境下，显然更加迫切重要，同时，也更加如履薄冰。从当前最直观的社会角度来看，直面网络媒体带来的新挑战，是高校行政管理工作适应新媒体时代发展的必然要求。复杂的网络文化信息对高校学生思想道德观念造成了一定的冲击。极端利己主义、享乐主义、拜金主义，黄色、暴力、赌博等不良的网络文化信息充斥在整个虚拟的网络世界中，对于正处于世界观、人生观、价值观逐步形成时期的大学生，极易被这些不良信息所诱惑，甚至会被不法分子所利用。不可控的网络传播速度增加了高校行政管理工作教育工作难度。"许多异质文化的传播会掩盖不同意识形态相争的实质，消解民族文化影响力和社会主义核心价值体系广泛社会认同。"对于信息筛选和鉴别能力还不太成熟的高校大学生来说，更容易被西方文化中一些表象的东西所迷惑，党性观念动摇，主流意识形态淡化。虚拟的网络环境弱化了高校党建组织和管理工作。在虚拟的网络文化环境下，个性化、无组织性的网络行为，"无政府状态"的网络舆情，使得现实社会中高校行政管理工作比较统一的、自上而下的管理方式已不再适用于虚拟网络空间。专业的网络技术对管理工作者原有工作能力提出了挑战。当前学生对于网络媒体的运用、网络信息的关注和网络技术的掌握往往先于管理工作者，略显滞后的管理工作者在更新党建信息、加强网络管理、应对网上突发事件的能力等方面都还有所欠缺。再加之管理工作者日常事务性工作比较繁忙，专业系统的网络技术培训安排较少。这些对于处在网络时代的高校党务工作者来说，都是一种巨大的考验。

高校党的建设，必须站在高校发展的全局高度，正视这些问题，有利于高校对症下药，大胆创新，更好地开展群众工作。在建设中国特色现代大学中，各高校党委应认真贯彻人的全面发展理论，坚持党管人才的原则，创新高校党建工作，为培养高素质、高层次、高水平的优秀人才塑造良好的校园环境。

第四节 现代高校行政管理创新发展的策略

一、创新高校行政管理内容

（一）高校行政管理与党建工作的融合

1. 目标一致性

高校制度与高校党建工作在目标任务上具有一致性，两者都是围绕培养中国特色社会主义事业建设者和接班人这一根本任务来开展的。现代大学制度建设首先是通过完善内部治理结构和治理模式，将学校中的党委领导权、校长的行政权、师生的民主参与权、学术委员会的学术权力等很好地加以利用和协调，充分发挥各项权利的作用，保证学校科学健康发展来为人才培养服务；其次通过制定符合学校发展的章程，健全各种规章制度，构建完备的决策、执行、监督和保障体系，依法依章办事，形成完备的人才培养制度；再次通过教学、科研、社会合作方面的专业性评价，形成新型育人环境，推进创新型人才的培养。高校党建工作是通过坚持育人为本、德育为先，能力为重、全面发展的人才培养原则，遵循学生成才成长规律，引导学生认清正确的思想政治理论方向，将个人梦想与伟大中国梦相结合，认清只有积极投身于中国特色社会主义的伟大实践，才能最大限度地实现个人的人生价值；通过健全学校党委、院系党委、党支部等各级党组织工作机制，加强和改进师生思想政治教育工作，努力探索高校党建新思路、新方式、新途径，以党建工作的科学化引领人才培养的现代化。

2.党建工作为行政管理提供坚实保障

高校党建工作为高校制度的建立健全提供了坚实的保障。①思想保障。高校党建工作始终坚持以思想政治工作为引领，与时俱进，不断更新发展理念，创新办学理念，在深入开展马列主义、毛泽东思想、中国特色社会主义理论体系教育的基础上，切实推进社会主义核心价值观教育、中国梦宣传教育、党的群众路线教育等工作，牢牢把握意识形态工作领导权，确保高校制度建设沿着正确的政治路线进行。②组织保障。坚持党的领导，是完善高校制度内部治理结构必须坚持的前提和方向。③人才保障。高校党组织始终坚持党管人才的原则，不断努力完善党的自身建设，强调人才理想信念的坚定、人才培养的全面发展、人才必备的创新能力、人才考评的根本标准是群众认可等，致力于培育先进的党务工作人才，以及能发挥先进模范作用的优秀师生党员，不断"健全党管人才领导体制和工作格局、完善党管人才工作运行机制、创新党管人才方式方法、加强党管人才工作保障措施"，为现代大学制度建设提供了人才支撑。

3.行政管理工作是党建工作的依托

中国特色高等院校制度不断趋于完善，高校党建工作必须更好地适应高校制度建设新趋势，秉承现代大学办学新理念，符合高校制度新要求，才能有所发展、有所创新。具体而言，所谓高校制度视域下的高校党建工作，就是指高校在坚持和完善党委领导下校长负责制的前提下，结合现代大学制度建设的特点与提出的新要求，探索体现时代性、把握规律性、富于创造性的党建工作新途径，在党建工作制度、工作方式、工作作风、工作队伍、师生党员发展等方面勇于创新，不断提高高校党建科学化水平。

高校党建工作也突显了三个比较明显的主体作用，确保高校工作中心的科学发展。即为实现教育的目标，引领教育发展的过程，保障教育的方向。第一，突出党建工作的引导作用，实现学校培养的目标。高等院校的首要目标就是培养兼具专业技能、创新精神、实践能力为一身的复合型人才，为社会主义事业的发展提供源源不断的人才保障。不管是民办高校还是公办高校，都要有主体意识，为实现这一个战略目标而努力奋斗，为了更好地完成高等教育传达的任务，实现高校教育的目标和责任，高校党建工作必须加强对教育教学的工作重视程度，根据制定的基本方针和战略，一切的工作都要围绕着培养合格的当代大学生与发展社会主义合格加班人的目标而开展，全面实现党建工作的引领作用和学校教育教学的目标。第二，突出高校的党建服务工作作用，推进其他部门的共同发展。高校的党建工作是具体的、主动的、有为的工作。其主动性表现在通过设置的党务部门，引导、监督、协调高校的产学研工作，按照党建工作的要求和学校特色与实际情况，把握学校各部门朝着正确的方向发展；其具体性体现在他们对高校党务部门的管理上，紧紧围绕学校的根本教育目标，制定促进产学研各方面综合发展的相关政策和制度，使它有具体指导作用；其有为性在于发挥民办高校中党员的模范带头作用，促进产学研项目的实施和各个环节的服务保障。这就是民办高校党建工作的监督性、服务性的功能。第三，突出高校党建工作的保障作用，坚定不移地把握好中国特色社会主义办学方向。高校党建工作要为学校发展的大方向，大机制和大目标，提供政治和组织保障。而这种保障最关键的是对领导体制的保障。要规划合理的力道制度实施细则，并不断完善和健全，使高校党政工作更加程序化、规范化和职责化。这是对政治工作的保障，也是对办学指导思想的保证。

因此高校行政管理工作要为高校的党建工作搭好平台，让党的发展深入校园。首先，高校要健全基层组织，提高工作效能度。党的基层组织的健全性是保证党在高校的政治核心作用和监督作用的关键。党的工作步伐要跟进，党员要时刻发挥先锋模范作用。其次，要把握基层重点，强化服务功能。在强大理论基础的指导下，实际工作中注重灵活多变地处理实际问题。善于反思，不断总结经验。在对学生党员的整个发展和培养过程中，各种教育内容要环环相扣，做到具体并全面。

构建责任落实系统，加强党的组织建设。新时期大学生党建中，要让大学生党员明确自己的责任。建立严格监督约束的机制党中央对基层党组织的根本要求是：坚持党的先进性，加强对党员的监督，努力提高党的领导水平和执政能力，增强拒腐防变和抵御风险能力，始终做到立党为公、执政为民。大学生党员既是一名学生，又是一名党员。高校党组织可以从各方面对大学生党员进行监督和约束。

（二）高校学生保障制度的完善

高等院校中的学生、教师人数众多，来自五湖四海，各自的家庭背景，受教育情况各异，群体之间、个体之间的差异也很大。以前的行政管理工作过分强调制度化与规范化的重要性，导致行政管理工作经常出现教条、生搬硬套的情况出现。因此行政管理工作不能只停留在一般性的工作上去，而是应该更加多样化、丰富化，针对个体的差异采取特殊的处理方式。正确处理好一般与特殊、集中教育与典型示范的关系。要正确认识个别与差异的存在，从差异中看到突破点和增长点，实现一般性中包含差异化，差异化中看到普遍性，促进行政管理工作的全面进步。

高校应始终把行政管理工作视为学院的整体工作的重要组成部分，谋求行政管理工作与学院整体工作的共同发展，共同进步，并融合渗透到整个育人过程中。在实际工作中，把学生思想政治教育工作融入平时的课堂教学、社会实践活动、校园文化建设中去，使学生能够做到理论是实践相结合，亲身参与到行政管理工作中去，在实践中实现自身修养的提高。

"无规矩，不成方圆"，大学生的发展从每一个阶段都应严格教育、严格管理、严格考察，建立健全学生发展质量保障制度体系。要完善定期考核和平时考察"双管齐下"的考评制度。定期考核应根据高校学生实际情况确定定期考核的时间和具体标准；考核标准应包括思想觉悟、政治品质、学习成绩、工作表现等方面。平时考察应注重自身修养、组织纪律表现、先锋模范作用发挥等，特别要注重群众评议。要健全学生的发展制度。

加强学生行政管理工作是高校培养合格人才的关键一步。作为高校，要积极发展优秀学生，为其发展提供良好的平台和机会，使他们发展成为高校建设和思想政治工作的重要组成部分。

二、发展高校行政管理人员队伍

（一）加强领导班子能力

领导班子是组织的核心团体，其组织能力、领导能力、决策能力等对高校的发展具有举足轻重的作用，对学校的行政管理效能会产生直接的影响。领导班子团结协作、工作能力强，容易在教师队伍中形成凝聚力，充分发挥教师队伍的作用，实现高效管理。领导班子能力不只是特指某个领导的能力，而是指整个班子、领导集体的综合能力。领导班子是学校管理工作的领导者，是管理制度的制定者、执行者和监督者，关系着学校的发展、组织的运作、队伍的建设、教学等方面的管理。

因此，领导班子是否具有创新意识、管理理念是否先进和科学、能否进行团结协作、是否拥有良好的决策能力、能否充分考虑广大教师意见等都影响高校的行政管理效能。

在新的形势下，高校管理工作的主流发展是好的，但存在的问题是不容忽视的。加强领导班子和干部队伍的建设，关键就是制度的建设。制度建设是根本。加强高等学校的章程建设是完善中国特色高等院校制度的一项重要任务。章程是高等学校的"宪法"，其作用就是"要将大学办学的理念和目标制度化，并成为学校内各种规章制度的制定依据，促使学校遵章办事，形成以章程为核心的依法治理的体制机制。"在高等院校制度建设背景下，制度化的特征越来越被强调，高校党建工作制度化也日渐被提上日程。高校应着眼于管理工作中实际难点、热点问题，因时、因地、因校制宜，建立健全相应议事规则和相应制度，更好地完善各级各层行政管理制度，处理好领导层和各级基层组织的关系。

新时期，构建保持先进性的行政管理制度机制应在准确把握大学院（系）党组织制度体系建设的客观现实的基础上，努力探求规范要求，与时俱进更新具体制度，实现制度创新。各高校必须根据自己的实际工作需要，构建保持先进性的行政管理制度机制，如挂牌制、警示制、承诺制等，加强科学性、减少盲目性。要建立大学行政管理工作的长效机制，促进行政管理工作中的各项基本制度落到实处，保证行政管理工作健康有序发展。通过这些制度的制定和执行，构建出一个层次性、系统性与创新性相结合的行政管理工作的制度机制，促使行政管理工作不断深入与发展。

（二）加强院（系）行政管理工作

学校要进行宏观调控，将行政管理中心下移，使学院（系）成为岗位设置和管理的主体。学校中不同的学院承担着不同的任务，具有不同的发展目标。各个学院对教师的思想、工作、教学和学术水平、个性特点，对学生的具体学习过程和状态等比学校一级都更为了解，对本学院的岗位设置和管理工作也比学校一级更为了解，学院的工作被激活，学校的"生产力"也就得到了解放，就能释放出更大的能量。

因此，学校应该从宏观上把握学校的整体工作目标和总体岗位布局，对于高级岗位的设置，由学校设置岗位的数量、制订相应的上岗条件，并由学校成立专门的考核监督小组监督年度考核。基本岗位由学院自己设置岗位数量和上岗条件，使学院成为岗位设置和管理的主体，自主的确定本学院不同岗位的职责、上岗条件、考核内容等，并由学院教授委员会负责考核监督，向校一级部门备案。这样能更好地、有针对性地进行岗位的设置和管理工作，既保证了学院的工作目标与学校工作目标的统一，又保证了学院自身目标的实现。总之，高校岗位设置应遵循精简高效、总量控制、保证重点、兼顾一般、优化配置、动态管理的原则，着眼于学校的学科建设和整体发展的需要。

同时，在进行高效的行政管理过程中，不容忽视的就是党建工作。院系党委是高校党委的延伸和支撑，要充分发挥好党的政治核心作用，而政治核心作用的有效发挥有赖于院系党委完善的行政管理工作运行机制。

优化院系党委的工作运行机制，首先要优化党委会工作制度。①要选优配强院系党委书记。党委书记作为院系党委会的主要负责人，必须是由政治理论水平高、专业工作能力强、德才兼备、善于团结干部，并且熟悉、教学和科研建设的干部担任为宜，只有这样，才能在党委会的集体领导下，更好地执行党委会的决议，主持院系党建的日常工作。②要优化党委会工作内容。党委会在具体工作中，应着重从党和国家的方针政策及学校各项决定在本单位的贯彻执行，积极参与讨论决定本院系工作中的重要事项，加强组织建设与干部管理教育，细化工作内容。

此外，还应建立健全集体领导和个人分工负责制度，院系的整体管理的工作机制充分运行。围绕"服务学生成长成才"这一目标，建立党建活动和行政管理工作的长效机制，健全校院两级工作小组，着力在分析研究模块上下功夫、创实效，在师生之间搭建起一座永固的"连心桥"，促进共同成长。

（三）加强基层管理队伍建设

高校要确保管理的各项任务实施和完成，必须依赖基层组织。在新的历史时期，高校中活跃着教学团队、科研团队、学生社团团体、后勤服务团队等基层团队等，发挥着非常重要的作用，把管理工作渗透到这些基层团体当中，有利于实现对学校各个领域的全面覆盖。基层管理工作既要安排合理，保证管理体系严密性，又要体现灵活性，始终把工作重心放在学校最活跃的领域，自觉地完成管理工作职责。新时期高效的管理工作应当与党建工作紧密结合起来，要做到党组织活动与人民群众密切联系，不断相互促发展。

大学生组织是高校学生民主参与的主要途径，体现了民主参与的有序性，更好地做好"桥梁""纽带"的作用，从而实现公共利益最大化。然而，在实际工作中，大学生组织更多了一分"官方"色彩。因此，要实现广大学生参与到学生管理中，应加大力度进行学生组织建设，保持学生组织独立性。

在依法治校的视野下，高校积极吸纳学生参与到学生管理工作中是大学生权利落实和实现的重要方式，是高校内部维持健康运转的基本条件，也是校园生活彰显勃勃生机的保障。因此大学生参与学生管理的程度是校园文明的重要参数。高校中的学生会和各学生社团是最常见的学生自治组织，是学生参与到高校学生管理中的重要途径。学生会和学生社团在学生群体中有一定的威信力和影响力，将学生的想法和诉求向学校反映，是保护学生群体权益的代表，在高校和学生之间发挥着桥梁和纽带的作用。然而，在实际情况下，学生组织却是高校的"附庸"，参与学校管理的职能主要体现在文体娱乐范围，而参与到校政方面的职能几乎丧失。

若使学生组织发挥其最优效力，高校就要积极给予支持和帮助，为学生参与校政指明方向。在之后的学生组织发展中，高校要扩大学生组织的政治职能，扩大其参与学校管理的领域。美国著名高等教育学者厄内斯特博耶曾说过"学生组织在学校内要得到大力的支持，而且所有关于校园生活问题都要更充分地与学生商量。在所有影响大学教育和社交方面的常设委员会中都应该有他们参加。"这不仅仅强调的是学校层面的转变，更加重要的是学生组织更要加强自身建设，转变自己的角色，抛弃之前学校管理的"傀儡"的帽子，不做口头中学生群体利益代表的侏儒，成为实实在在为学生群体谋福利的巨人。在实际工作中做到切实为学生服务，把学生真实的诉求和想法反映给学校，做到从学生中来到学生中去，切实保护学生权益，为学生组织发挥参与学生管理的工作提供了途径和保障。

在建设基层的管理组织过程中，还有尤为关键的一点是，党员大学生的队伍建设。大学生组织是在校党委和校团委的领导下独立开展工作，利用"从学生中来，到学生中去"的优势开展工作，有利于广泛地集中学生的意见和建议，在实现民主参与的同时，提高决策的科学性和民主性。但是，在实际工作中大学生组织开展工作却往往是为了迎合相关人员的领导而失去其独立性，成为高校的工作机器，这样一来学生组织本身特有的优势——代表大学生自己的声音就形同虚设了，难以发挥其功用。

为了解决上述问题，实现大学生组织参与学生管理的民主化，高校应该转变领导理念，为大学生组织解绑，恢复其最为特色的一面。那么高校和大学生组织的定位应该是：高校起到指明灯的作用，宏观上操控，大学生组织放开手脚，大胆前行。也就是说在高校的主导之下，高校赋予大学生组织更多的可行动的机会，充分发挥其能动性。只有这样才能实现大学生组织的独立，提升大学生组织的地位，提升其权威性，吸引更多的学生积极表达诉求，进而推动高校学生管理在法治的道路上运转。

我国高校不仅是文化思想的传播地和知识分子的汇聚地，还应该是新意识、新观念以及新的思想的发源地。我国社会的发展变化也会在各个高校当中得到迅速的反映，在开展高校管理工作时，具备系统性思维进行相关工作。在开展工作时具有一定的目的性进行，在开展相关活动时，制定科学的并具有实际操作性的活动方案，强化我国高校的教师和学生在思想上的选择性、独立性、差异性以及选择性。

学生党支部是学生中的"战斗堡垒"。在协同高校管理建设时要以服务学生为中心，有利于学生党员先锋模范作用的充分发挥，有利于学生在专业学习、社会实践、日常生活等方面综合能力的提高，还要特别注重健全党内关怀帮扶机制，关心和帮助经济困难、心理健康状况不好和学习状况差等学生。尤其是现在大学生面临的就业压力越来越大，学生党支部应发挥好自身的优势，为学生以后的就业问题提供一定的指导，如提供一些就业信息、组织一些就业讲座和邀请一些已顺利找到理想工作的毕业生分享求职经验等。这些都能够给高校管理工作带来积极的发展。

（四）健全工作系统及落实工作责任

中国特色现代大学应当树立抓好管理是最大政绩的理念，重视党建工作，强化责任，狠抓落实，提升行政管理工作科学化水平。强化行政管理工作质量理念，提升行政管理工作质量，关键在"人"。首先要提高领导干部质量。高校应加强各级领导班子建设，努力做到选贤任能，知人善任，用当其时，将好的领导干部及时发现出来、合理使用起来；其次要提高行政管理工作者质量。高校不仅应配备一支数量适当、素质过硬、综合能力强、作用发挥好的专兼职行政管理工作队伍，以保证高校扩招后行政管理工作的顺利开展；还应特别配备一支政治理论水平高、行政管理工作业务熟、网络专业技术强的网络行政管理工作队伍。再次要提高管理工作质量。有计划、有步骤、积极慎重地做好行政管理工作。

（1）要巩固高校各级组织在行政管理工作实践中的领导地位。在包括建机制、搭体系、制标准、行标准、整体评价和反馈改进等环节在内的高校行政管理工作标准化中各级组织必须起到统领全局和决策评议的作用。但是在组织架构设计、权责划分的环节中无须增添新岗位、新职务，而是需要让负责高校行政管理工作的领导干部与工作者学习新理论、担负新责任、完成新任务。只有提高高校行政管理工作者对高校行政管理工作标准化的认识与实践操作能力，才能够在高校行政管理工作实践中始终坚持领导。

（2）要坚持实事求是，避免形式上的行政管理工作而使得实践脱离管理实际。行政管理工作的本质属性就是追求事物的共同利益，而不是为了标准化而标准化，所以在实践中要坚持上级的领导，避免高校基层行政管理工作的虚化、淡化、边缘化就必须结合高校实际、坚持实事求是，将行政管理工作与高校中心工作、教学工作深度融合，推动行政管理工作与高校育人工作形成合力，充分发挥行政管理工作在高校全面达成"立德树人"根本任务过程中的引领和保障作用。

（3）要围绕高校行政管理工作核心的制度与内容开展行政管理工作标准化实践。高校基层组织的领导体现在日常的行政管理工作、管理制度和管理内容，因此在推动高校行政管理工作的过程中要坚持以高校基层为行政管理工作的基本单位，充分发挥基层组织战斗堡垒作用；强化高校基层行政管理工作、推动理想信念教育日常化、经常化；坚持行政管理工作进行标准化的创新。

三、创新高校行政管理目标

（一）用制度保驾护航

无规矩不成方圆，制度是高校行政管理体制发挥潜能的保证，没有正确的管理制度，高校教师就不能充分展现其才能，高校学生也不能得到良好发展。而且一个良好的制度，能够鼓励人们进行科学和技术的创新；相反，一个不良的制度会阻碍人们创新的积极性。制度不仅可以总结经验、汇集智慧、指导工作，还在很大程度上避免了官僚主义，而官僚主义才是创新的大敌。所以，一个组织系统内部有着怎样的行为，制度有着特殊的重要性，要实现高校行政管理的优化必须要有健全的管理制度。

在行政管理中运用照章办事原则要注意以下几点：制定的规章制度必须具有代表性；执行规章制度的权限范围要明确；任何管理都需要有相应的制度做保证，同样高校行政管理也需要有一套系统、科学、标准的管理制度，对教师的岗位职责、考核标准、激励措施等做出明确的规定，保证教师完成教学任务，提高教学质量；对学生的日常行为规范管理、学习任务实现、社会道德价值实现也要有对应的具体衡量标准操作规范，实现学校的总体目标。同时高校教师作为高级知识分子，有极强的自主性和个性化，要做好人性化管理和规范化管理的结合，努力创造一个既宽松和谐又有制度机制的工作环境，使管理制度内化到每个教师心中，从而自觉规范自己的行为。

在高校行政管理中建立系统、科学的管理制度尤为重要，但这还是远远不够的，制度只是基础，将制度切实有效的贯彻执行才是关键。目前，我国各高校都有自己的管理制度，可以说是不缺制度、不缺战略，缺的是对制度和战略的不折不扣的执行力。管理的重点之一就是对执行的管理，发力点在抓落实。

综合运用管理方法，包括细化、量化、流程化、标准化、协同化、严格化等方法。如果有了健全的完善的管理制度，却不能不折不扣的贯彻实施，那也是形同虚设。

（二）服务型管理体现时代价值

高校的管理应该适应社会发展的总体要求，以人为本，讲求管理的科学性和实践性。单一的上传下达的发布命令的管理模式无法在我国社会精神文明高度发展的当今社会环境中生存。倡导服务型的高校管理更有益于高校精神发展。服务型高校行政管理模式是以高校校级领导层为核心的局域性公共管理组织，院系组织及高校学生，以有效促进局域公共利益最大化为宗旨，以一种积极主动的姿态，科学民主地运用公共管理权力，依制度制定与执行高校规章、管理高校公共事务，提供公共物品和公共服务，构建高校师生的和谐发展的局域社会治理模式。

这种高校的服务型行政管理模式区别于传统的高校行政管理模式，具有制度性、公共性、回应性和透明性，并以提供公共服务的效率和效能、追求公共目标、实现公共利益最大化作为自身产生、存在和发展的最终目标，能够对高校整体的师生群体的公共服务需求做出及时回应。同时，该模式还能顺应信息社会条件下的未来高校发展趋势，解决由传统行政管理模式难以为难、信息格局改变、社会力量崛起等外部行政环境变迁而引起的一系列管理难题，满足高校师生良性发展的需要。因此，在信息社会背景下构建与发展该模式具有重要意义。

（三）延展精细化管理

随着高等教育大众化的推进，自费上学，自主择业，办学多元化等改革的深入以及市场经济的不断深入和发展，高校之间的竞争越来越激烈，高校之间对师资、生源、资源的争夺已经不可避免，在这场争夺战中能否取得胜利取决于办学质量，而办学质量的提高离不开一支高素质、结构合理、相对稳定的师资队伍。为了吸引高层次师资队伍，以往的高校教师粗放式的管理显然不能适应新的挑战，这客观上要求高校教师管理必须转型，逐渐实现教师工作的精细化管理，改变目前教师管理中教师职责缺失、考核评价体系不科学、教师激励制度不合理的现状。为教师提供优良的工作环境。同时，精细化管理是强化教师服务工作的需要。服务工作是增强教师归属感的重要手段，改变过去只重"管"的管理方式，树立以人为本的高校教师管理理念，注重"服务"。学校应该主动收集、了解教师的需要，根据不同类型教师的不同需要，制定不同的考核、激励措施，积极为教师提供工作、生活、心理等方面的服务，努力为教师的工作和生活创造和谐的环境。

精细化的行政管理不仅体现在对高校教师的管理过程中。对高校学生的管理也是同理。新常态下，高校学生的特征更加复杂多样，学生的学习渠道也更加多元化，每个学生几乎都是一个新的类型个体。针对这些具有一定社会成年性特性的学生，还要看到他们在社会价值观、人生观的建立时的不稳定性和踌躇性，这就要求高校在对这些学生进行管理时，更加突出精细化，对不同意识形态的学生要进行不同的引导管理。这样才能有效地将这些高校学生的管理完善，避免失衡性教育管理的产生，激发突发应激事件的发生。

（四）运用信息化手段

高校教学工作的信息化建设正在全面展开，很多院校都建立了教务管理系统、校园信息化系统等各种信息系统。将信息技术和网络技术引用到高校日常的教学管理工作中已经成为高校教学工作的发展趋势。因此，将网络技术和信息技术与教学评价工作有机结合，改善传统教学质量评价，弥补传统评价中，效率低、时效性差，耗费大量人力物力的不足成为一种可能。建立信息化的教师管理评价机制，改善目前教学评价中存在的不足，提高教学评价的效率，实现教学评价的公开客观公正，提高学校教学质量评价工作的水平，促进学校教学管理工作水平的提高。

建立的高校教师教学评价系统能够弥补我国高校教师教学质量评价指标体系的不足，具有一定的理论意义，同时通过建立的评价系统能够改变目前院校人工评价的不足，提高教学评价工作的效率，实现教学评价的公开公平公正，促进学校教学水平和质量的提高，改善学校教学质量管理水平，具有一定的意义。

参 考 文 献

[1] 胡卫等．中国教育现代化进程研究 [M]．北京：教育科学出版社，2010.

[2] 赵诗安，陈国庆．现代教育理念 [M]．南昌：江西高校出版社，2010.

[3] 尹庆民．应用型高校全员育人教育改革与教学实践创新 [M]．北京：知识产权出版社，2011.

[4] 黄苏飞．高校形势与政策教育教学创新研究 [M]．上海：上海交通大学出版社，2011.

[5] 全永波等．高校创新人才培育：基于培养海洋管理人才的研究 [M]．北京：光明日报出版社，2012.

[6] 赵柯．现代大学生职业发展与就业指导 [M]．成都：电子科技大学出版社，2012.

[7] 金国华．高校教育教学改革与创新探索 [M]．桂林：漓江出版社，2013.

[8] 姚利民等．高校教师心理与管理研究 [M]．长沙：湖南大学出版社，2013.

[9] 肖华．应用型本科高校立德树人探索 [M]．苏州：苏州大学出版社，2014.

[10] 徐金强．从行政组织到经济组织：高校后勤改革的"浙大模式"探究 [M]．杭州：浙江大学出版社，2014.

[11] 李安学．现代教育理念与实践 [M]．东营：中国石油大学出版社，2014.

[12] 赵树果，等．高校本科教育教学管理研究与进展 [M]．武汉：武汉大学出版社，2015.

[13] 李晓红．高校师资管理新探：第 16 辑 [M]．上海：东华大学出版社，2015.

[14] 荣仕星．高等教育行政管理实话说：全 2 卷 [M]．北京：中央民族大学出版社，2015.

[15] 彭美贵．现代化视角下大学生和谐人格建构研究 [M]．济南：山东人民出版社，2015.

[16] 孙英梅，栗红侠，侯英杰．高校实践育人与创新人才培养 [M]．沈阳：东北大学出版社，2016.

[17] 王瑛．高校学生管理创新模式研究 [M]．长春：吉林大学出版社，2016.

[18] 李熙．互联网＋时代高校学生管理模式的转变及创新 [M]．长春：东北师范大学出版社，2016.

[19] 宁夏师范学院教师教育研究中心．教师教育研究：第二辑 [M]．银川：阳光出版社，2016.

[20] 齐琳娜．新媒体环境下高校合力育人机制建设研究 [M]．郑州：黄河水利出版社，2017.

[21] 张晶．评估视域下高校教学建设与发展 [M]．合肥：安徽大学出版社，2017.

[22] 王静修．中国高等教育现代化的构建与反思 [M]．北京：知识产权出版社，2017.

[23] 王志伟．高等职业教育理念创新与发展 [M]．长春：东北师范大学出版社，2017.

[24] 许肇超，刘宝林，邱志坚．现代教育理念与教学管理研究 [M]．吉林出版集团股份有限公司，2017.

[25] 孟伶泉，吕峰，张琸玙．基于现代理念的教育理论与实践 [M]．北京：中国书籍出版社，2017.

[26] 纪楠．现代教育理念研究 [M]．延吉：延边大学出版社，2017.

[27] 北京吉利学院．创新与发展：应用型人才培养研究与实践 [M]．北京：中国经济出版社，2017.

[28] 褚蝶花，黄丽芳，朱丽娜．教育管理与教学艺术 [M]．北京：中国原子能出版社，2017.

[29] 唐善梅．大学生现代文化人格养成研究 [M]．南京：南京师范大学出版社，2017.

[30] 徐公芳，杨方．文化育人的探索与实践 [M]．北京：中国言实出版社，2017.

[31] 丁兵．当代高校教育管理研究 [M]．西安：西北工业大学出版社，2018.

[32] 李晓科．民办高校发展现状与对策研究 [M]．长春：吉林人民出版社，2018.

[33] 肖文学等．课程化模式下高校辅导员的课程体系 [M]．沈阳：东北大学出版社，2018.

[34] 李墨池. 现代大学生心理健康教育 [M]. 天津：天津科学技术出版社，
　　 2018.

[35] 张晓娟，李春琴. 大学生创新创业教育研究 [M]. 北京：兵器工业出版社，
　　 2018.

[36] 闫智勇. 中国高等教育治理体系现代化研究 [M]. 重庆：重庆大学出版社，
　　 2018.

[37] 张振飞，范明英. 应用型高校文化建设创新与实践 [M]. 北京：光明日报
　　 出版社，2018.

[38] 褚瑞莉. 激励理论视域下高校师资队伍构建研究 [M]. 北京：九州出版社，
　　 2018.

[39] 朱惠蓉，陶思亮. 跨界协同育人共同体：教与学的对话 [M]. 上海：上海
　　 交通大学出版社，2018.

[40] 王官成，苟建明. 高职院校文化育人的创新与实践 [M]. 北京：光明日报
　　 出版社，2018.

[41] 杜晶. 新形势下高校教育教学管理创新研究 [M]. 哈尔滨：哈尔滨工程大
　　 学出版社，2018.

[42] 刘志文. 广东高校课程育人工作研究 [M]. 广州：广东高等教育出版社，
　　 2019.

[43] 靳浩. 高校教育与教学管理 [M]. 北京：北京工业大学出版社，2019.

[44] 郭晓雯. 高校教育教学管理创新发展研究 [M]. 北京：北京工业大学出版
　　 社，2019.

[45] 吴光荣. 浅析学生管理在高校育人中的支撑作用 [J]. 学理论，2015（14）：
　　 212-213.

[46] 张淑梅. 围绕育人理念开展高校教材建设 [J]. 教育现代化，2018，5（25）：
　　 158-159.

[47] 刘慧. "三全育人" 理念下民办高校教学管理的创新 [J]. 智库时代，
　　 2019（18）：71-73.

[48] 庄佳媛. 论高校教育教学管理创新要以人为本 [J]. 科技经济导刊，
　　 2019，27（36）：109+108.

[49] 黄金金，陈晶，张鲲. "互联网＋" 模式下地方本科院校教学管理手段研
　　 究与实践 [J]. 软件，2020，41（08）：220-222.

[50] 郭新. 信息化背景下高校教育教学管理的创新发展 [J]. 产业与科技论坛，
　　 2020，19（16）：249-250.

[51] 邵丽盛．大数据时代高校教育教学管理的变革与创新 [J]．九江职业技术学院学报，2020（02）：19-20+25.

[52] 李娟．应用型本科高校教学管理制度的改革与创新 [J]．天中学刊，2020，35（03）：147-151.

[53] 方晨晨．浅谈高校教学管理工作的重要性 [J]．才智，2020（14）：70.

[54] 朱艳．高校教育教学管理的观念变革和实践创新 [J]．才智，2020（13）：63.

[55] 王莹．高校教育教学管理工作特性研究 [J]．产业与科技论坛，2020，19（09）：283-284.

[56] 徐特．高校管理体制和教学管理改革分析 [J]．财富时代，2020（03）：100.

[57] 王乾．以人为本理念在高校教育教学管理中的渗透 [J]．中外企业家，2020（04）：217.

[58] 聂瑜．新时期高校行政管理改革与创新方式分析 [J]．农家参谋，2020（20）：235.

[59] 吕国利，姚飞．创新教育理念下高校教育管理探究 [J]．中外企业家，2020（06）：212.